《企业会计准则第14号 ——收入》应用指南 2018

财政部会计司编写组 编著

中国财经出版传媒集团
中国财政经济出版社

图书在版编目（CIP）数据

《企业会计准则第 14 号——收入》应用指南.
2018/财政部会计司编写组编著. —北京：中国财政经济出版社，2018.5（2022.6重印）
ISBN 978 – 7 – 5095 – 8230 – 5

Ⅰ.①企… Ⅱ.①财… Ⅲ.①企业 – 会计准则 – 中国 – 指南 Ⅳ.①F279.23 – 62

中国版本图书馆 CIP 数据核字（2018）第 090892 号

责任编辑：庞丽佳　　　　　　责任校对：李　丽
封面设计：王　颖

中国财政经济出版社　出版

URL：http://www.cfeac.com
E – mail：cfeac@cfemg.cn
（版权所有　翻印必究）
社址：北京市海淀区阜成路甲 28 号　邮政编码：100142
营销中心电话：010 – 88191522
天猫网店：中国财政经济出版社旗舰店
http://zgczjjcbs.tmall.com
北京时捷印刷有限公司印刷　各地新华书店经销
787×1092 毫米　16 开　9.75 印张　120 000 字
2018 年 7 月第 1 版　2022 年 6 月北京第 5 次印刷
定价：28.00 元
ISBN 978 – 7 – 5095 – 8230 – 5
（图书出现印装问题，本社负责调换）
本社质量投诉电话：010 – 88190744
打击盗版举报热线：010 – 88191661、QQ：2242791300

目录

一、总体要求 / 1

二、关于适用范围 / 3

三、关于应设置的相关会计科目和主要账务处理 / 5
 （一）"主营业务收入" / 5
 （二）"其他业务收入" / 6
 （三）"主营业务成本" / 6
 （四）"其他业务成本" / 7
 （五）"合同履约成本" / 7
 （六）"合同履约成本减值准备" / 8
 （七）"合同取得成本" / 8
 （八）"合同取得成本减值准备" / 9
 （九）"应收退货成本" / 9
 （十）"合同资产" / 10
 （十一）"合同资产减值准备" / 10
 （十二）"合同负债" / 11

四、关于收入的确认 / 12
 （一）识别与客户订立的合同 / 13
 （二）识别合同中的单项履约义务 / 24
 （三）履行每一单项履约义务时确认收入 / 33

五、关于收入的计量 / 53
　　（一）确定交易价格 / 53
　　（二）将交易价格分摊至各单项履约义务 / 66

六、关于合同成本 / 75
　　（一）合同履约成本 / 75
　　（二）合同取得成本 / 76
　　（三）摊销和减值 / 79

七、关于特定交易的会计处理 / 81
　　（一）附有销售退回条款的销售 / 81
　　（二）附有质量保证条款的销售 / 85
　　（三）主要责任人和代理人 / 87
　　（四）附有客户额外购买选择权的销售 / 94
　　（五）授予知识产权许可 / 100
　　（六）售后回购 / 106
　　（七）客户未行使的权利 / 108
　　（八）无需退回的初始费 / 110

八、关于列报和披露 / 112
　　（一）列报 / 112
　　（二）披露 / 118

附录一　企业会计准则第 14 号——收入 / 125

附录二　《企业会计准则第 14 号——收入》修订说明 / 143

一、总体要求

收入，是指企业在日常活动中形成的、会导致所有者权益增加的、与所有者投入资本无关的经济利益的总流入。其中，日常活动，是指企业为完成其经营目标所从事的经常性活动以及与之相关的活动。例如，工业企业制造并销售产品、商品流通企业销售商品、咨询公司提供咨询服务、软件公司为客户开发软件、安装公司提供安装服务、建筑企业提供建造服务等，均属于企业的日常活动。日常活动所形成的经济利益的流入应当确认为收入。《企业会计准则第14号——收入》（以下简称"本准则"）主要规范了收入的确认、计量和相关信息的披露要求。根据本准则，企业确认收入的方式应当反映其向客户转让商品或提供服务（以下简称"转让商品"）的模式，收入的金额应当反映企业因转让这些商品或提供这些服务而预期有权收取的对价金额，以如实反映企业的生产经营成果，核算企业实现的损益。企业应用本准则，应当向财务报表使用者提供与客户之间的合同产生的收入及现金流量的性质、金额、时间分布和不确定性等相关的有用信息。除非特别说明，本应用指南中所称商品，既包括商品，也包括服务。

本准则规范的是企业与客户之间的单个合同的会计处理。但是，为便于实务操作，当企业能够合理预计，将本准则规定应用于具有类似特征的合同（或履约义务）组合或应用于该组合中的每一个合同（或履约义务），将不会对企业的财务报表产生显著不同的影响时，企业可以在合同组合层面应用本准则，此时，企业应当采用能够反映该合同组合规模和构成的估计和假设。根据本准则，收入确认和计量大致分为五步：第一步，识别与客户订立的合同；第二步，识别合同中的单项履约义务；第三步，确定交易价格；第四步，将交易价格分摊至各单项履约义务；第五步，履行各单项履约义务时确认收入。其中，第一步、第二步和第五步主要与收入的确认有关，第三步和第四步主要与收入的计量有关。

二、关于适用范围

本准则适用于所有与客户之间的合同，但下列各项除外：一是由《企业会计准则第 2 号——长期股权投资》《企业会计准则第 22 号——金融工具确认和计量》《企业会计准则第 23 号——金融资产转移》《企业会计准则第 24 号——套期会计》《企业会计准则第 33 号——合并财务报表》以及《企业会计准则第 40 号——合营安排》规范的金融工具及其他合同权利和义务，分别适用上述相应准则；二是由《企业会计准则第 21 号——租赁》规范的租赁合同，适用《企业会计准则第 21 号——租赁》；三是由保险合同相关会计准则规范的保险合同，适用保险合同相关会计准则。根据上述规定，企业对外出租资产收取的租金、进行债权投资收取的利息、进行股权投资取得的现金股利等，不适用本准则。企业以存货换取客户的存货、固定资产、无形资产等，按照本准则的规定进行会计处理；其他非货币性资产交换，按照《企业会计准则第 7 号——非货币性资产交换》的规定进行会计处理。企业处置固定资产、无形资产等，在确定处置时点以及计量处置损益时，按照本准则的有关规定进行处理。

本准则所称客户，是指与企业订立合同以向该企业购买其日常活动产出的商品并支付对价的一方。如果合同对方与企业订立合同的目的是共同参与一项活动（如合作开发一项资产），合同对方和企业一起分担（或分享）该活动产生的风险（或收益），而不是获取企业日常活动产出的商品，则该合同对方不是企业的客户，企业与其签订的该份合同也不属于本准则规范范围。

此外，当企业与客户之间的合同部分属于本准则规范范围，而其他部分属于上述其他企业会计准则规范范围时，如果上述其他企业会计准则明确规定了如何对合同中的一个或多个组成部分进行区分或初始计量,企业应当首先按照这些规定进行处理,并将按照上述其他准则进行初始计量的合同组成部分的金额排除在本准则规定的交易价格之外;否则,企业应当按照本准则对合同中的一个或多个组成部分进行区分和初始计量。

三、关于应设置的相关会计科目和主要账务处理

企业应当正确记录和反映与客户之间的合同产生的收入及相关成本费用。本部分仅涉及适用于本准则进行会计处理时需要设置的主要会计科目、相关会计科目的主要核算内容以及通常情况下的账务处理，企业在核算适用于其他企业会计准则的交易和事项时也需要使用本部分涉及的会计科目的，应遵循其他相关企业会计准则的规定。收入的会计处理，一般需要设置下列会计科目。

（一）"主营业务收入"

1. 本科目核算企业确认的销售商品、提供服务等主营业务的收入。

2. 本科目可按主营业务的种类进行明细核算。

3. 主营业务收入的主要账务处理。

（1）企业在履行了合同中的单项履约义务时，应按照已收或应收的合同价款，加上应收取的增值税额，借记"银行存款""应收账款""应收票据""合同资产"等科目，按应确认的收入金额，贷记本科目，按应收取的增值税额，贷记"应交税费——应交增值税（销项税额）""应交税费——待转销项税额"等科目。

（2）合同中存在企业为客户提供重大融资利益的，企业应按照应收合同价款，借记"长期应收款"等科目，按照假定客户在取得商品控制权时即以现金支付而需支付的金额（即现销价格）确定的交易价格，贷记本科目，按其差额，贷记"未实现融资收益"科目；合同中存在客户为企业提供重大融资利益的，企业应按照已收合同价款，借记"银行存款"等科目，按照假定客户在取得商品控制权时即以现金支付的应付金额（即现销价格）确定的交易价格，贷记

"合同负债"等科目，按其差额，借记"未确认融资费用"科目。涉及增值税的，还应进行相应的处理。

（3）企业收到的对价为非现金资产时，应按该非现金资产在合同开始日的公允价值，借记"存货""固定资产""无形资产"等有关科目，贷记本科目。涉及增值税的，还应进行相应的处理。

4. 期末，应将本科目的余额转入"本年利润"科目，结转后本科目应无余额。

（二）"其他业务收入"

1. 本科目核算企业确认的除主营业务活动以外的其他经营活动实现的收入，包括出租固定资产、出租无形资产、出租包装物和商品、销售材料、用材料进行非货币性交换（非货币性资产交换具有商业实质且公允价值能够可靠计量）或债务重组等实现的收入。企业（保险）经营受托管理业务收取的管理费收入，也通过本科目核算。

2. 本科目可按其他业务的种类进行明细核算。

3. 其他业务收入的主要账务处理。企业确认其他业务收入的主要账务处理参见"主营业务收入"科目。

4. 期末，应将本科目的余额转入"本年利润"科目，结转后本科目应无余额。

（三）"主营业务成本"

1. 本科目核算企业确认销售商品、提供服务等主营业务收入时应结转的成本。

2. 本科目可按主营业务的种类进行明细核算。

3. 主营业务成本的主要账务处理。

期末，企业应根据本期销售各种商品、提供各种服务等实际成本，计算应结转的主营业务成本，借记本科目，贷记"库存商品""合同履约成本"等科目。

采用计划成本或售价核算库存商品的，平时的营业成本按计划成本或售价结转，月末，还应结转本月销售商品应分摊的产品成本差异或商品进销差价。

4. 期末，应将本科目的余额转入"本年利润"科目，结转后本科目无余额。

（四）"其他业务成本"

1. 本科目核算企业确认的除主营业务活动以外的其他经营活动所发生的支出，包括销售材料的成本、出租固定资产的折旧额、出租无形资产的摊销额、出租包装物的成本或摊销额等。除主营业务活动以外的其他经营活动发生的相关税费，在"税金及附加"科目核算。采用成本模式计量投资性房地产的，其投资性房地产计提的折旧额或摊销额，也通过本科目核算。

2. 本科目可按其他业务成本的种类进行明细核算。

3. 其他业务成本的主要账务处理。

企业发生的其他业务成本，借记本科目，贷记"原材料""周转材料"等科目。

4. 期末，应将本科目的余额转入"本年利润"科目，结转后本科目无余额。

（五）"合同履约成本"

1. 本科目核算企业为履行当前或预期取得的合同所发生的、不属于其他企业会计准则规范范围且按照本准则应当确认为一项资产的成本。企业因履行合同而产生的毛利不在本科目核算。

2. 本科目可按合同，分别"服务成本""工程施工"等进行明细核算。

3. 合同履约成本的主要账务处理。

企业发生上述合同履约成本时，借记本科目，贷记"银行存款""应付职工薪酬""原材料"等科目；对合同履约成本进行摊销时，借记"主营业务成本""其他业务成本"等科目，贷记本科目。涉及增值税的，还应进行相应的处理。

4. 本科目期末借方余额，反映企业尚未结转的合同履约成本。

（六）"合同履约成本减值准备"

1. 本科目核算与合同履约成本有关的资产的减值准备。

2. 本科目可按合同进行明细核算。

3. 合同履约成本减值准备的主要账务处理。

与合同履约成本有关的资产发生减值的，按应减记的金额，借记"资产减值损失"科目，贷记本科目；转回已计提的资产减值准备时，做相反的会计分录。

4. 本科目期末贷方余额，反映企业已计提但尚未转销的合同履约成本减值准备。

（七）"合同取得成本"

1. 本科目核算企业取得合同发生的、预计能够收回的增量成本。

2. 本科目可按合同进行明细核算。

3. 合同取得成本的主要账务处理。

企业发生上述合同取得成本时，借记本科目，贷记"银行存款""其他应付款"等科目；对合同取得成本进行摊销时，按照其相关性借记"销售费用"等科目，贷记本科目。涉及增值税的，还应进行相应的处理。

4. 本科目期末借方余额，反映企业尚未结转的合同取得成本。

（八）"合同取得成本减值准备"

1. 本科目核算与合同取得成本有关的资产的减值准备。

2. 本科目可按合同进行明细核算。

3. 合同取得成本减值准备的主要账务处理。

与合同取得成本有关的资产发生减值的，按应减记的金额，借记"资产减值损失"科目，贷记本科目；转回已计提的资产减值准备时，做相反的会计分录。

4. 本科目期末贷方余额，反映企业已计提但尚未转销的合同取得成本减值准备。

（九）"应收退货成本"

1. 本科目核算销售商品时预期将退回商品的账面价值，扣除收回该商品预计发生的成本（包括退回商品的价值减损）后的余额。

2. 本科目可按合同进行明细核算。

3. 应收退货成本的主要账务处理。

企业发生附有销售退回条款的销售的，应在客户取得相关商品控制权时，按照已收或应收合同价款，借记"银行存款""应收账款""应收票据""合同资产"等科目，按照因向客户转让商品而预期有权收取的对价金额（即，不包含预期因销售退回将退还的金额），贷记"主营业务收入""其他业务收入"等科目，按照预期因销售退回将退还的金额，贷记"预计负债——应付退货款"等科目；结转相关成本时，按照预期将退回商品转让时的账面价值，扣除收回该商品预计发生的成本（包括退回商品的价值减损）后的余额，借记本科目，按照已转让商品转让时的账面价值，贷记"库存商品"等科目，按其差额，借记"主营业务成本""其他业务成本"等科目。涉及增值税的，还应进行相应处理。

4. 本科目期末借方余额,反映企业预期将退回商品转让时的账面价值,扣除收回该商品预计发生的成本(包括退回商品的价值减损)后的余额,在资产负债表中按其流动性计入"其他流动资产"或"其他非流动资产"项目。

(十)"合同资产"

1. 本科目核算企业已向客户转让商品而有权收取对价的权利。仅取决于时间流逝因素的权利不在本科目核算。

2. 本科目应按合同进行明细核算。

3. 合同资产的主要账务处理。

企业在客户实际支付合同对价或在该对价到期应付之前,已经向客户转让了商品的,应当按因已转让商品而有权收取的对价金额,借记本科目或"应收账款"科目,贷记"主营业务收入""其他业务收入"等科目;企业取得无条件收款权时,借记"应收账款"等科目,贷记本科目。涉及增值税的,还应进行相应的处理。

(十一)"合同资产减值准备"

1. 本科目核算合同资产的减值准备。

2. 本科目应按合同进行明细核算。

3. 合同资产减值准备的主要账务处理。

合同资产发生减值的,按应减记的金额,借记"资产减值损失"科目,贷记本科目;转回已计提的资产减值准备时,做相反的会计分录。

4. 本科目期末贷方余额,反映企业已计提但尚未转销的合同资产减值准备。

(十二)"合同负债"

1. 本科目核算企业已收或应收客户对价而应向客户转让商品的

义务。

2. 本科目应按合同进行明细核算。

3. 合同负债的主要账务处理。

企业在向客户转让商品之前，客户已经支付了合同对价或企业已经取得了无条件收取合同对价权利的，企业应当在客户实际支付款项与到期应支付款项孰早时点，按照该已收或应收的金额，借记"银行存款""应收账款""应收票据"等科目，贷记本科目；企业向客户转让相关商品时，借记本科目，贷记"主营业务收入""其他业务收入"等科目。涉及增值税的，还应进行相应的处理。

企业因转让商品收到的预收款适用本准则进行会计处理时，不再使用"预收账款"科目及"递延收益"科目。

4. 本科目期末贷方余额，反映企业在向客户转让商品之前，已经收到的合同对价或已经取得的无条件收取合同对价权利的金额。

四、关于收入的确认

企业应当在履行了合同中的履约义务，即在客户取得相关商品控制权时确认收入。取得相关商品控制权，是指能够主导该商品的使用并从中获得几乎全部的经济利益，也包括有能力阻止其他方主导该商品的使用并从中获得经济利益。企业在判断商品的控制权是否发生转移时，应当从客户的角度进行分析，即客户是否取得了相关商品的控制权以及何时取得该控制权。取得商品控制权同时包括下列三项要素：

一是，能力。企业只有在客户拥有现时权利，能够主导该商品的使用并从中获得几乎全部经济利益时，才能确认收入。如果客户只能在未来的某一期间主导该商品的使用并从中获益，则表明其尚未取得该商品的控制权。例如，企业与客户签订合同为其生产产品，虽然合同约定该客户最终将能够主导该产品的使用，并获得几乎全部的经济利益，但是，只有在客户真正获得这些权利时（根据合同约定，可能是在生产过程中或更晚的时点），企业才能确认收入，在此之前，企业不应当确认收入。

二是，主导该商品的使用。客户有能力主导该商品的使用，是指客户在其活动中有权使用该商品，或者能够允许或阻止其他方使用该商品。

三是，能够获得几乎全部的经济利益。客户必须拥有获得商品几乎全部经济利益的能力，才能被视为获得了对该商品的控制。商品的经济利益，是指该商品的潜在现金流量，既包括现金流入的增加，也包括现金流出的减少。客户可以通过使用、消耗、出售、处置、交换、抵押或持有等多种方式直接或间接地获得商品的经济利益。

（一）识别与客户订立的合同

1. 合同的识别。

（1）合同的含义。本准则所称合同，是指双方或多方之间订立有法律约束力的权利义务的协议。合同包括书面形式、口头形式以及其他形式（如隐含于商业惯例或企业以往的习惯做法中等）。企业与客户之间的合同同时满足下列五项条件的，企业应当在履行了合同中的履约义务，即在客户取得相关商品控制权时确认收入：一是合同各方已批准该合同并承诺将履行各自义务；二是该合同明确了合同各方与所转让商品相关的权利和义务；三是该合同有明确的与所转让商品相关的支付条款；四是该合同具有商业实质，即履行该合同将改变企业未来现金流量的风险、时间分布或金额；五是企业因向客户转让商品而有权取得的对价很可能收回。企业在进行上述判断时，需要注意下列三点：

①合同约定的权利和义务是否具有法律约束力，需要根据企业所处的法律环境和实务操作进行判断。不同的企业可能采取不同的方式和流程与客户订立合同，同一企业在与客户订立合同时，对于不同类别的客户以及不同性质的商品也可能采取不同的方式和流程。企业在判断其与客户之间的合同是否具有法律约束力，以及这些具有法律约束力的权利和义务在何时设立时，应当考虑上述因素的影响。合同各方均有权单方面终止完全未执行的合同，且无需对合同其他方作出补偿的，在应用本准则时，该合同应当被视为不存在。其中，完全未执行的合同，是指企业尚未向客户转让任何合同中承诺的商品，也尚未收取且尚未有权收取已承诺商品的任何对价的合同。

②合同具有商业实质，是指履行该合同将改变企业未来现金流量的风险、时间分布或金额。关于商业实质，应按照《企业会计准则第7号——非货币性资产交换》的有关规定进行判断。

③企业在评估其因向客户转让商品而有权取得的对价是否很可能收回时,仅应考虑客户到期时支付对价的能力和意图(即客户的信用风险)。当对价是可变对价时,由于企业可能会向客户提供价格折让,企业有权收取的对价金额可能会低于合同标价。企业向客户提供价格折让的,应当在估计交易价格时进行考虑。

【例1】甲房地产开发公司与乙公司签订合同,向其销售一栋建筑物,合同价款为100万元。该建筑物的成本为60万元,乙公司在合同开始日即取得了该建筑物的控制权。根据合同约定,乙公司在合同开始日支付了5%的保证金5万元,并就剩余95%的价款与甲公司签订了不附追索权的长期融资协议,如果乙公司违约,甲公司可重新拥有该建筑物,即使收回的建筑物不能涵盖所欠款项的总额,甲公司也不能向乙公司索取进一步的赔偿。

乙公司计划在该建筑物内开设一家餐馆,并以该餐馆的收益偿还甲公司的欠款。但是,在该建筑物所在的地区,餐饮行业面临激烈的竞争,且乙公司缺乏餐饮行业的经营经验。

本例中,乙公司计划以该餐馆产生的收益偿还甲公司的欠款,除此之外并无其他的经济来源,乙公司也未对该笔欠款设定任何担保。如果乙公司违约,则甲公司可重新拥有该建筑物,但是,根据合同约定,即使收回的建筑物不能涵盖所欠款项的总额,甲公司也不能向乙公司索取进一步的赔偿。因此,甲公司对乙公司还款的能力和意图存在疑虑,认为该合同不满足合同价款很可能收回的条件。甲公司应当将收到的5万元确认为一项负债。

【例2】A公司向国外B公司销售一批商品,合同标价为100万元。在此之前,A公司从未向B公司所在国家的其他客户进行过销售,B公司所在国家正在经历严重的经济困难。A公司预计不能从B公司收回全部的对价金额,而是仅能收回60万元。尽管如此,A公司预计B公司所在国家的经济情况将在未来2~3年内好转,且A公司与 B 公司之间建立的良好关系将有助于其在该国家拓展其他潜在客户。

本例中，根据 B 公司所在国家的经济情况以及 A 公司的销售战略，A 公司认为其将向 B 公司提供价格折让，A 公司能够接受 B 公司支付低于合同对价的金额，即 60 万元，且估计很可能收回该对价。A 公司认为，该合同满足"有权取得的对价很可能收回"的条件；该公司按照本准则的规定确定交易价格时，应当考虑其向 B 公司提供的价格折让的影响。因此，A 公司确定的交易价格不是合同标价 100 万元，而是 60 万元。

实务中，企业在对合同组合中的每一份合同进行评估时，均认为其合同对价很可能收回，但是，根据历史经验，企业预计可能无法收回该合同组合中的全部对价。此时，企业应当认为这些合同满足"因向客户转让商品而有权取得的对价很可能收回"这一条件，并以此为基础估计交易价格。同时，企业应当考虑这些合同下确认的合同资产或应收款项是否存在减值。

对于不符合本准则第五条规定的五项条件的合同，企业只有在不再负有向客户转让商品的剩余义务（例如，合同已完成或取消），且已向客户收取的对价（包括全部或部分对价）无需退回时，才能将已收取的对价确认为收入；否则，应当将已收取的对价作为负债进行会计处理，该负债代表了企业在未来向客户转让商品或者支付退款的义务。其中，企业向客户收取无需退回的对价的，应当在已经将该部分对价所对应的商品的控制权转移给客户，并且已经停止向客户转让额外的商品，也不再负有此类义务时；或者，相关合同已经终止时，将该部分对价确认为收入。

需要说明的是，没有商业实质的非货币性资产交换，无论何时，均不应确认收入。从事相同业务经营的企业之间，为便于向客户或潜在客户销售而进行的非货币性资产交换（例如，两家石油公司之间相互交换石油，以便及时满足各自不同地点客户的需求），不应当确认收入。

（2）合同的持续评估。企业与客户之间的合同，在合同开始日即满足本准则第五条规定的五项条件的，企业在后续期间无需对其进行重新评估，除非有迹象表明相关事实和情况发生重大变化。合同开始日，是指合同开始赋予合同各方具有法律约束力的权利和义务的日期，通常是指合同生效日。例如，企业与客户签订一份合同，在合同开始日，企业认为该合同满足本准则第五条规定的五项条件，但是，在后续期间，客户的信用风险显著升高，企业需要评估其在未来向客户转让剩余商品而有权取得的对价是否很可能收回，如果不能满足很可能收回的条件，则该合同自此开始不再满足本准则第五条规定的相关条件，应当停止确认收入，并且只有当后续合同条件再度满足时或者当企业不再负有向客户转让商品的剩余义务，且已向客户收取的对价无需退回时，才能将已收取的对价确认为收入，但是，不应当调整在此之前已经确认的收入。

【例3】甲公司与乙公司签订合同，将一项专利技术授权给乙公司使用，并按其使用情况收取特许权使用费。甲公司评估认为，该合同在合同开始日满足本准则第五条规定的五项条件。该专利技术在合同开始日即授权给乙公司使用。在合同开始日后的第一年内，乙公司每季度向甲公司提供该专利技术的使用情况报告，并在约定的期间内支付特许权使用费。在合同开始日后的第二年内，乙公司继续使用该专利技术，但是，乙公司的财务状况下滑，融资能力下降，可用资金不足，因此，乙公司仅按合同支付了当年第一季度的特许权使用费，而后三个季度仅按象征性金额付款。在合同开始日后的第三年内，乙公司继续使用甲公司的专利技术。但是，甲公司得知，乙公司已经完全丧失了融资能力，且流失了大部分客户，因此，乙公司的付款能力进一步恶化，信用风险显著升高。

本例中，该合同在合同开始日满足本准则第五条规定的五项条件，因此，甲公司在乙公司使用该专利技术的行为发生时，按照约定的特许权使用费确认收入。合同开始后的第二年，由于乙公司的信用风险升高，甲公司在确认收入的同时，按照《企业会计准则第22号——金融工具确认和计量》的要求对乙公司的应收款项进行减值测试。合同开始日后的第三年，由于乙公司的财务状况恶化，信用风险显著升高，甲公司对该合同进行了重新评估，认为不再满足"企业因向客户转让商品而有权取得的对价很可能收回"这一条件，因此，甲公司不再确认特许权使用费收入，同时，按照《企业会计准则第22号——金融工具确认和计量》对现有应收款项是否发生减值继续进行评估。

企业与客户之间的合同，不符合本准则第五条规定的五项条件的，企业应当在后续期间对其进行持续评估，判断其能否满足本准则规定的五项条件。如果企业在此之前已经向客户转移了部分商品，当该合同在后续期间满足五项条件时，企业应当将在此之前已经转移的商品所分摊的交易价格确认为收入。

（3）合同存续期间的确定。合同存续期间是合同各方拥有现时可执行的具有法律约束力的权利和义务的期间。实务中，有些合同可能有固定的期间，有些合同则可能没有（如无固定期间且合同各方可随时要求终止或变更的合同、定期自动续约的合同等）。企业应当确定合同存续期间，并在该期间内按照本准则规定对合同进行会计处理。

在确定合同存续期间时，无论该合同是否有明确约定的合同期间，该合同的存续期间都不会超过已经提供的商品所涵盖的期间；当合同约定任何一方在某一特定期间之后才可以随时无代价地终止合同时，该合同的存续期间不会超过该特定期间；当合同约定任何一方均可以提前终止合同，但要求终止合同的一方需要向另一方支付重大的违约金时，合同存续期间很可能与合同约定的期间一致，这是因为该重大的违约金实质上使得合同双方在合同约定的整个期间内均具有有法律约束力的权利和义务；当只有客户拥有无条件终止合同的权利时，客户的该项权利才会被视为客户拥有的一项续约选择权，重大的续约选择权应当作为单项履约义务进行会计处理。

【例4】A公司与客户签订合同，每月为客户提供一次保洁服务，合同期限为3年。

情形一：3年内，合同各方均有权在每月末无理由要求终止合同，只需提前5个工作日通知对方，无需向对方支付任何违约金。

情形二：3年内，客户有权在每月末要求提前终止合同，且无需向A公司支付任何违约金。

情形三：3年内，客户有权在每月末要求提前终止合同，但是客户如果在合同开始日之后的12个月内要求终止合同，必须向A公司支付一定金额的违约金。

本例中，对于情形一，尽管合同约定的服务期为3年，但是在已提供服务的期间之外，该合同对于合同双方均未产生具有法律约束力的权利和义务，因此该合同应被视为逐月订立的合同。对于情形二，该合同应视为逐月订立的合同，同时，客户拥有续约选择权，A公司应当判断提供给客户的该续约选择权是否构成重大权利，从而应作为单项履约义务进行会计处理。对于情形三，A公司需要判断合同约定的违约金是否足够重大，以至于使该合同在合同开始日之后的12个月内对于合同双方都产生了具有法律约束力的权利和义务，如果是，则该合同的存续期间为12个月；否则，与情形二相同，该合同应视为逐月订立的合同。

2. 合同合并。

企业与同一客户（或该客户的关联方）同时订立或在相近时间内先后订立的两份或多份合同，在满足下列条件之一时，应当合并为一份合同进行会计处理：（1）该两份或多份合同基于同一商业目的而订立并构成一揽子交易，如一份合同在不考虑另一份合同的对价的情况下将会发生亏损；（2）该两份或多份合同中的一份合同的对价金额取决于其他合同的定价或履行情况，如一份合同如果发生违约，将会影响另一份合同的对价金额；（3）该两份或多份合同中所承诺的商品（或每份合同中所承诺的部分商品）构成本准则第九条规定的单项履约义务。两份或多份合同合并为一份合同进行会计处理的，仍然需要区分该一份合同中包含的各单项履约义务。

3. 合同变更。

本准则所称合同变更，是指经合同各方批准对原合同范围或价格作出的变更。合同变更既可能形成新的具有法律约束力的权利和义务，也可能是变更了合同各方现有的具有法律约束力的权利和义务。与合同初始订立时相同，合同各方可能以书面形式、口头形式或其他形式（如隐含于企业以往的习惯做法中）批准合同变更。

某些情况下，合同各方对于合同范围或价格的变更还存在争议，或者合同各方已批准合同范围的变更，但尚未确定相应的价格变动，企业应当考虑包括合同条款及其他证据在内的所有相关事实和情况，以确定该变更是否形成了新的有法律约束力的权利和义务，或者变更了现有的有法律约束力的权利和义务。合同各方已批准合同范围变更，但尚未确定相应价格变动的，企业应当按照本准则有关可变对价的规定对合同变更所导致的交易价格变动进行估计。

【例5】甲公司与乙公司签订合同，在乙公司厂区内为其修建一座大型综合性仓库。根据合同约定，乙公司应当在合同开始日起30天内允许甲公司进场施工，导致甲公司未能及时开始施工的任何事件（包括不可抗力的影响），甲公司均能够获得补偿，补偿金额相当于甲公司因工程延误而直接发生的实际成本。由于当地连降暴雨对施工场地造成了破坏，甲公司直到合同开始日后的60天才开始进场施工，甲公司根据合同约定向乙公司提出了索赔申请，但是，直到会计期末，乙公司尚未同意对甲公司进行补偿。

本例中，甲公司对于提出索赔申请的法律依据进行了评估，虽然乙公司直到会计期末尚未同意该索赔申请，但是，由于该申请是依据合同约定而提出，是一项有法律约束力的权利。因此，甲公司将该索赔作为合同变更进行会计处理，由于该项变更没有导致向客户提供额外的商品，因此，该合同变更没有变更合同范围，只是变更了合同价格，甲公司在估计交易价格时应当考虑这一合同变更的影响，并遵循将可变对价计入交易价格的限制要求。

企业应当区分下列三种情形对合同变更分别进行会计处理：

（1）合同变更部分作为单独合同。合同变更增加了可明确区分的商品及合同价款，且新增合同价款反映了新增商品单独售价的，应当将该合同变更部分作为一份单独的合同进行会计处理。此类合同变更不影响原合同的会计处理。

判断新增合同价款是否反映了新增商品的单独售价时，应当考虑为反映该特定合同的具体情况而对新增商品价格所做的适当调整。例如，在合同变更时，企业由于无需发生为发展新客户等所须发生的相关销售费用，可能会向客户提供一定的折扣，从而适当调整新增商品的单独售价，该调整不影响新增商品单独售价的判断。

【例6】甲公司承诺向某客户销售120件产品，每件产品售价100元。该批产品彼此之间可明确区分，且将于未来6个月内陆续转让给该客户。甲公司将其中的60件产品转让给该客户后，双方对合同进行了变更，甲公司承诺向该客户额外销售30件相同的产品，这30件产品与原合同中的产品可明确区分，其售价为每件95元（假定该价格反映了合同变更时该产品的单独售价）。上述价格均不包含增值税。

本例中，由于新增的30件产品是可明确区分的，且新增的合同价款反映了新增产品的单独售价,因此,该合同变更实际上构成了一份单独的、在未来销售30件产品的新合同,该新合同并不影响对原合同的会计处理。甲公司应当对原合同中的120件产品按每件产品100元确认收入,对新合同中的30件产品按每件产品95元确认收入。

(2)合同变更作为原合同终止及新合同订立。合同变更不属于上述第(1)种情形,且在合同变更日已转让的商品或已提供的服务(以下简称"已转让的商品")与未转让的商品或未提供的服务(以下简称"未转让的商品")之间可明确区分的,应当视为原合同终止,同时,将原合同未履约部分与合同变更部分合并为新合同进行会计处理。

未转让的商品既包括原合同中尚未转让的商品,也包括合同变更新增的商品。新合同的交易价格应当为下列两项金额之和:一是原合同交易价格中尚未确认为收入的部分(包括已从客户收取的金额);二是合同变更中客户已承诺的对价金额。

【例7】沿用【例6】,甲公司新增销售的30件产品售价为每件80元(假定该价格不能反映合同变更时该产品的单独售价)。同时,由于客户发现甲公司已转让的60件产品存在瑕疵,要求甲公司对已转让的产品提供每件15元的销售折让以弥补损失。经协商,双方同意将价格折让在销售新增的30件产品的合同价款中进行抵减,金额为900元。上述价格均不包含增值税。

本例中,由于900元的折让金额与已经转让的60件产品有关,因此应当将其作为已销售的60件产品的销售价格的抵减,在该折让发生时冲减当期销售收入。对于合同变更新增的30件产品,由于其售价不能反映该产品在合同变更时的单独售价,因此,该合同变更不能作为单独合同进行会计处理。由于尚未转让给客户的产品(包括原合同中尚未交付的60件产品以及新增的30件产品)与已转让的产品是可明确区分的，因此，甲公司应当将该合同变更作为原合同终止，同时，将原合同的未履约部分与合同变更合并为新合同进行会计处理。该新合同中，剩余产品为90件，其对价为8 400元，即原合同下尚未确认收入的客户已承诺对价6 000元（100×60）与合同变更部分的对价2 400元（80×30）之和，新合同中的90件产品每件产品应确认的收入为93.33元（8 400÷90）。

【例8】A公司与客户签订合同，每周为客户的办公楼提供保洁服务，合同期限为3年，客户每年向A公司支付服务费10万元（假定该价格反映了合同开始日该项服务的单独售价）。在第2年末，合同双方对合同进行了变更，将第3年的服务费调整为8万元（假定该价格反映了合同变更日该项服务的单独售价），同时以20万元的价格将合同期限延长3年（假定该价格不反映合同变更日该3年服务的单独售价），即每年的服务费为6.67万元，于每年年初支付。上述价格均不包含增值税。

本例中，在合同开始日，A公司认为其每周为客户提供的保洁服务是可明确区分的，但由于A公司向客户转让的是一系列实质相同且转让模式相同的、可明确区分的服务，因此，根据本准则第九条，应当将其作为单项履约义务。在合同开始的前2年，即合同变更之前，A公司每年确认收入10万元。在合同变更日，由于新增的3年保洁服务的价格不能反映该项服务在合同变更时的单独售价，因此，该合同变更不能作为单独的合同进行会计处理；由于在剩余合同期间需提供的服务与已提供的服务是可明确区分的，A公司应当将该合同变更作为原合同终止，同时，将原合同中未履约的部分与合同变更合并为一份新合同进行会计处理。该新合同的合同期限为4年，对价为28万元，即原合同下尚未确认收入的对价8万元与新增的3年服务相应的对价20万元之和，新合同中A公司每年确认的收入为7万元（28÷4）。

(3) 合同变更部分作为原合同的组成部分。合同变更不属于上述第（1）种情形，且在合同变更日已转让的商品与未转让的商品之间不可明确区分的，应当将该合同变更部分作为原合同的组成部分，在合同变更日重新计算履约进度，并调整当期收入和相应成本等。

【例9】2×18年1月15日，乙建筑公司和客户签订了一项总金额为1 000万元的固定造价合同，在客户自有土地上建造一幢办公楼，预计合同总成本为700万元。假定该建造服务属于在某一时段内履行的履约义务，并根据累计发生的合同成本占合同预计总成本的比例确定履约进度。

截至2×18年末，乙公司累计已发生成本420万元，履约进度为60%（420÷700）。因此，乙公司在2×18年确认收入600万元（1 000×60%）。

2×19年初，合同双方同意更改该办公楼屋顶的设计，合同价格和预计总成本因此而分别增加200万元和120万元。

在本例中，由于合同变更后拟提供的剩余服务与在合同变更日或之前已提供的服务不可明确区分（即该合同仍为单项履约义务），因此，乙公司应当将合同变更作为原合同的组成部分进行会计处理。合同变更后的交易价格为1 200万元（1 000+200），乙公司重新估计的履约进度为51.2%［420÷(700+120)］，乙公司在合同变更日应额外确认收入14.4万元（51.2%×1 200－600）。

综上所述，判断合同变更的会计处理的步骤如图1所示。

如果在合同变更日未转让的商品为上述第（2）和第（3）种情形的组合，企业应当分别相应按照上述第（2）或第（3）种情形的方式对合同变更后尚未转让（或部分未转让）的商品进行会计处理。

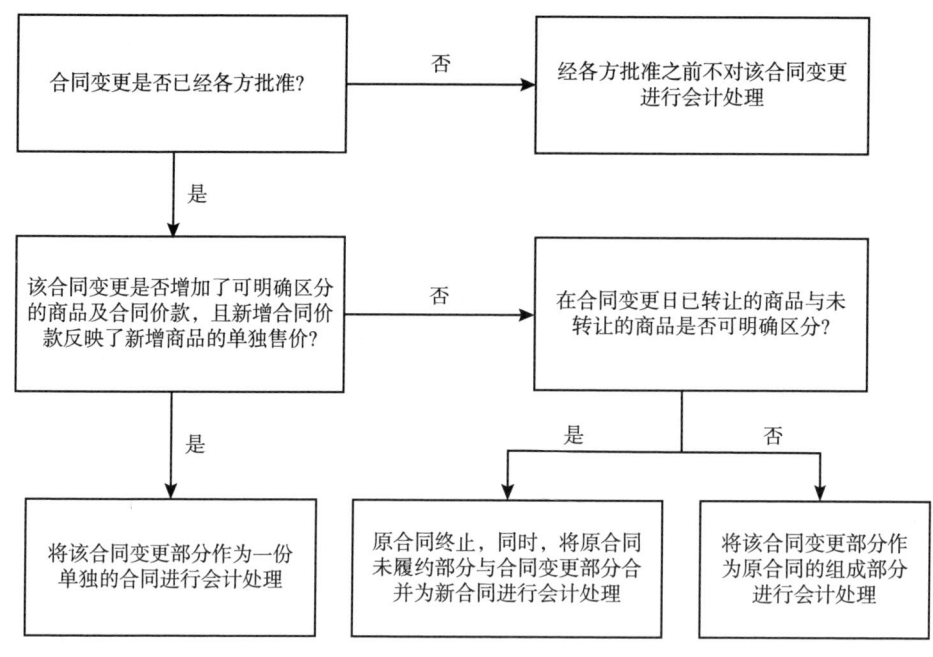

图1 判断合同变更的会计处理步骤

（二）识别合同中的单项履约义务

合同开始日，企业应当对合同进行评估，识别该合同所包含的各单项履约义务，并确定各单项履约义务是在某一时段内履行，还是在某一时点履行，然后，在履行了各单项履约义务时分别确认收入。履约义务，是指合同中企业向客户转让可明确区分商品的承诺。下列情况下，企业应当将向客户转让商品的承诺作为单项履约义务：一是企业向客户转让可明确区分商品（或者商品的组合）的承诺。二是企业向客户转让一系列实质相同且转让模式相同的、可明确区分商品的承诺。

企业承诺向客户转让的商品通常会在合同中明确约定，然而，在某些情况下，虽然合同中没有明确约定，但是企业已公开宣布的政策、特定声明或以往的习惯做法等可能隐含了企业将向客户转让额外商品的承诺。这些隐含的承诺不一定具有法律约束力，但是，如果在合同订立时，客户根据这些隐含的承诺能够对企业将向其转让某项商品形成合理的预期，则企业在识别合同中所包含的单项履约义务时，应当考虑此类隐含的承诺。例如，企业向客户销售商品，虽然合同没有约定，但是，企业在其宣传广告中宣称，对于购买该商品的客户，企业将为其提供为期5年的免费保养服务，如果该广告使客户对于企业提供的保养服务形成合理预期，企业应当考虑该项服务是否构成单项履约义务；又如，企业向客户销售软件，根据企业以往的习惯做法，企业会向客户提供免费的升级服务，如果该习惯做法使得客户对于企业提供的软件升级服务形成合理预期，则企业应当考虑该项服务是否构成单项履约义务。这里的客户既包括直接购买本企业商品的客户，也包括向客户购买本企业商品的第三方，即"客户的客户"，也就是说，企业需要评估其对于客户的客户所做的承诺是否构成单项履约义务，并进行相应的会计处理。

【例10】甲公司与其经销商乙公司签订合同，将其生产的产品销售给乙公司，乙公司再将该产品销售给最终用户。乙公司是甲公司的客户。

情形一：合同约定，从乙公司购买甲公司产品的最终用户可以享受甲公司提供的该产品正常质量保证范围之外的免费维修服务。甲公司委托乙公司代为提供该维修服务，并且按照约定的价格向乙公司支付相关费用；如果最终用户没有使用该维修服务，则甲公司无需向乙公司付款。

情形二：合同开始日，双方并未约定甲公司将提供任何该产品正常质量保证范围之外的维修服务，甲公司通常也不提供此类服务。甲公司向乙公司交付产品时，产品控制权转移给乙公司，该合同完成。在乙公司将产品销售给最终用户之前，甲公司主动提出免费为向乙公司购买该产品的最终用户提供该产品正常质量保证范围之外的维修服务。

本例中，对于情形一，甲公司在该合同下的承诺包括销售产品以及提供维修服务两项履约义务；对于情形二，甲公司和乙公司签订的合同在合同开始日并未包含提供维修服务的承诺，甲公司也未通过其他明确或隐含的方式承诺向乙公司或最终用户提供该项服务，因此，甲公司在该合同下的承诺只有销售产品一项履约义务，甲公司因承诺提供维修服务产生的相关义务应当按照《企业会计准则第13号——或有事项》进行会计处理。

企业为履行合同而应开展的初始活动，通常不构成履约义务，除非该活动向客户转让了承诺的商品。实务中，企业可能会为订立合同而开展一些行政管理性质的准备工作，这些准备工作并未向客户转让任何承诺的商品，因此，不构成单项履约义务。例如，某俱乐部为注册会员建立档案，该活动并未向会员转让承诺的商品，因此不构成单项履约义务。

在识别合同中的单项履约义务时，如果合同承诺的某项商品不可明确区分，企业应当将该商品与合同中承诺的其他商品进行组合，直到该组合满足可明确区分的条件。某些情况下，合同中承诺的所有商品组合在一起构成单项履约义务。

1. 可明确区分的商品。

实务中，企业向客户承诺的商品可能包括企业为销售而生产的产品、为转售而购进的商品或使用某商品的权利（如机票等）、向客户提供的各种服务、随时准备向客户提供商品或提供随时可供客户使用的服务（如随时准备为客户提供软件更新服务等）、安排他人向客户提供商品、授权使用许可、可购买额外商品的选择权等。其中，企业随时准备向客户提供商品，是指企业保证客户在其需要时能够随时取得相关商品，而不一定是所提供的每一件具体商品或每一次具体服务本身。例如，健身俱乐部随时可供会员健身，其提供的是随时准备在会员需要时向其提供健身服务的承诺，而并非每一次具体的健身服务。企业向客户承诺的商品同时满足下列两项条件的，应当作为可明确区分的商品：

（1）客户能够从该商品本身或从该商品与其他易于获得资源一起使用中受益，即该商品本身能够明确区分。当客户能够使用、消耗或以高于残值的价格出售商品，或者以能够产生经济利益的其他方式持有商品时，表明客户能够从该商品本身获益。对于某些商品而言，客户可以从该商品本身获益，而对于另一些商品而言，客户可能需要将其与其他易于获得的资源一起使用才能从中获益。其他易于获得的资源，是指企业（或其他企业）单独销售的商品，或者客户已经从企业获得的资源（包括企业按照合同将会转让给客户的商品）或从其他交易或事项中获得的资源。表明客户能够从某项商品本身或者将其与其他易于获得的资源一起使用获益的因素有很多，例如，企业通常会单独销售该商品等。

需要特别指出的是，在评估某项商品是否能够明确区分时，应当基于该商品自身的特征，而与客户可能使用该商品的方式无关。因此，企业无需考虑合同中可能存在的阻止客户从其他来源取得相关资源的限制性条款。

（2）企业向客户转让该商品的承诺与合同中其他承诺可单独区分，即转让该商品的承诺在合同中是可明确区分的。企业确定了商品本身能够明确区分后，还应当在合同层面继续评估转让该商品的承诺是否与合同中其他承诺彼此之间可明确区分。这一评估的目的在于确定承诺的性质，即根据合同约定，企业承诺转让的究竟是每一单项商品，还是由这些商品组成的一个或多个组合产出。很多情况下，组合产出的价值应当高于或者显著不同于各单项商品的价值总和。

在确定企业转让商品的承诺是否可单独区分时，需要运用判断并综合考虑所有事实和情况。下列情形通常表明企业向客户转让商品的承诺与合同中的其他承诺不可单独区分：

一是，企业需提供重大的服务以将该商品与合同中承诺的其他商品进行整合，形成合同约定的某个或某些组合产出转让给客户。换言之，企业以该商品作为投入，生产或向客户交付其所要求的组合产出。因此，企业应当评估其在合同中承诺的每一单项商品本身就是合同约定的各项产出，还是仅为一个或多个组合产出的投入。

【例11】沿用〖例9〗，不涉及合同变更。本例中，乙公司向客户提供的单项商品可能包括砖头、水泥、人工等，虽然这些单项商品本身都能够使客户获益（如客户可将这些建筑材料以高于残值的价格出售，也可以将其与其他建筑商提供的材料或人工等资源一起使用），但是，在该合同下，乙公司向客户承诺的是为其建造一栋办公楼，而并非提供这些砖头、水泥和人工等，乙公司需提供重大的服务将这些单项商品进行整合，以形成合同约定的一项组合产出（即写字楼）转让给客户。因此，在该合同中，砖头、水泥和人工等商品彼此之间不能单独区分。

二是，该商品将对合同中承诺的其他商品予以重大修改或定制。如果某项商品将对合同中的其他商品作出重大修改或定制，实质上每一项商品将被整合在一起（即作为投入）以生产合同约定的组合产出。例如，企业承诺向客户提供其开发的一款现有软件，并提供安装服务，虽然该软件无需更新或技术支持也可直接使用，但是企业在安装过程中需要在该软件现有基础上对其进行定制化的重大修改，为该软件增加重要的新功能，以使其能够与客户现有的信息系统相兼容。在这种情况下，转让软件的承诺与提供定制化重大修改的承诺在合同层面是不可明确区分的。

【例12】乙公司与客户签订合同，向客户出售一台其生产的设备并提供安装服务。该设备可以不经任何定制或改装而直接使用，不需要复杂安装，除乙公司外，市场上还有其他供应商也能提供此项安装服务。

本例中,客户可以使用该设备或将其以高于残值的价格转售,能够从该设备与市场上其他供应商提供的此项安装服务一起使用中获益,也可从安装服务与客户已经获得的其他资源(例如设备)一起使用中获益,表明该设备和安装服务能够明确区分。此外,在该合同中,乙公司对客户的承诺是交付设备之后再提供安装服务,而非两者的组合产出,该设备仅需简单安装即可使用,乙公司并未对设备和安装提供重大整合服务,安装服务没有对该设备作出重大修改或定制,虽然客户只有获得设备的控制权之后才能从安装服务中获益,但是企业履行其向客户转让设备的承诺能够独立于其提供安装服务的承诺,因此安装服务并不会对设备产生重大影响。该设备与安装服务彼此之间不会产生重大的影响,也不具有高度关联性,表明两者在合同中彼此之间可明确区分。因此,该项合同包含两项履约义务,即销售设备和提供安装服务。

假定其他条件不变,但是按照合同规定只能由乙公司向客户提供安装服务。在这种情况下,合同限制并没有改变相关商品本身的特征,也没有改变企业对客户的承诺。虽然根据合同约定,客户只能选择由乙公司提供安装服务,但是设备和安装服务本身仍然符合可明确区分的条件,仍然是两项履约义务。

此外,如果乙公司提供的安装服务很复杂,该安装服务可能对其销售的设备进行定制化的重大修改,即使市场上有其他的供应商也可以提供此项安装服务,乙公司也不能将该安装服务作为单项履约义务,而是应当将设备和安装服务合并作为单项履约义务。

三是,该商品与合同中承诺的其他商品具有高度关联性。也就是说,合同中承诺的每一单项商品均受到合同中其他商品的重大影响。合同中包含多项商品时,如果企业无法通过单独交付其中的某一单项商品而履行其合同承诺,可能表明合同中的这些商品会受到彼此的重大影响。例如,企业承诺为客户设计一种实验性的新产品并负责生产10个样品,企业在生产和测试样品的过程中需要对产品的设计进行不断的修正,导致已生产的样品均可能需要进行不同程度的返工。当企业预计由于设计的不断修正,大部分或全部拟生产的样品均可能需要进行一些返工时,在不对生产造成重大影响的情况下,由于提供设计服务与提供样品生产服务产生的风险不可分割,客户没有办法选择仅购买设计服务或者仅购买样品生产服务,因此,企业提供的设计服务和生产样品的服务是不断交替反复进行的,两者高度关联,在合同层面是不可明确区分的。

【例13】甲公司与客户签订合同,向客户销售一款软件,提供软件安装服务,并且在两年内向客户提供不定期的软件升级和技术支持服务。甲公司通常也会单独销售该款软件、提供安装服务、软件升级服务和技术支持服务。甲公司提供的安装服务通常也可由其他方执行,且不会对软件作出重大修改。甲公司销售的该软件无需升级和技术支持服务也能正常使用。

本例中,甲公司的承诺包括销售软件、提供安装服务、软件升级服务和技术支持服务。甲公司通常会单独销售软件、提供安装服务、软件升级服务和技术支持服务,该软件先于其他服务交付,且无需经过升级和技术支持服务也能正常使用,安装服务是常规性的且可以由其他服务供应商提供,客户能够从该软件与市场上其他供应商提供的此项安装服务一起使用中获益,也能够从安装服务以及软件升级服务与已经取得的软件一起使用中获益,因此,客户能够从单独使用该合同中承诺的各项商品和服务中获益,或从将其与易于获得的其他商品一起使用中获益,表明这些商品和服务能够明确区分;此外,甲公司虽然需要将软件安装到客户的系统中,但是该安装服务是常规性的,并未对软件作出重大修改,不会重大影响客户使用该软件并从中获益的能力,软件升级服务也一样,合同中承诺的各项商品和服务没有对彼此作出重大修改或定制；甲公司也没有提供重大服务将这些商品和服务整合成一组组合产出；由于甲公司在不提供后续服务的情况下也能够单独履行其销售软件的承诺，因此，软件和各项服务之间不存在高度关联性，表明这些商品在合同中彼此之间可明确区分。因此，该合同中包含四项履约义务，即软件销售、安装服务、软件升级服务以及技术支持服务。

【例14】丙公司与客户签订合同，向客户销售一台其生产的可直接使用的医疗设备，并且在未来3年内向该客户提供用于该设备的专用耗材。该耗材只有丙公司能够生产，因此客户只能从丙公司购买该耗材。该耗材既可与设备一起销售，也可单独对外销售。

本例中，丙公司在合同中对客户的承诺包括销售设备和专用耗材，虽然客户同时购买了设备和专用耗材，但是由于耗材可以单独出售，客户可以从将设备与单独购买的耗材一起使用中获益，表明设备和专用耗材能够明确区分；此外，丙公司未对设备和耗材提供重大的整合服务以将两者形成组合产出，设备和耗材并未对彼此作出重大修改或定制，也不具有高度关联性（这是因为，尽管没有耗材，设备无法使用，耗材也只有用于设备才有用，但是丙公司能够单独履行其在合同中的每一项承诺，也就是说，即使客户没有购买任何耗材，丙公司也可以履行其转让设备的承诺；即使客户单独购买设备，丙公司也可以履行其提供耗材的承诺），表明设备和耗材在合同中彼此之间可明确区分。因此，该项合同包含两项履约义务，即销售设备和提供专用耗材。

需要说明的是，在企业向客户销售商品的同时，约定企业需要将商品运送至客户指定的地点的情况下，企业需要根据相关商品的控制权转移时点判断该运输活动是否构成单项履约义务。通常情况下，控制权转移给客户之前发生的运输活动不构成单项履约义务，而只是企业为了履行合同而从事的活动，相关成本应当作为合同履约成本；相反，控制权转移给客户之后发生的运输活动则可能表明企业向客户提供了一项运输服务，企业应当考虑该项服务是否构成单项履约义务。

2. 一系列实质相同且转让模式相同的、可明确区分的商品。

当企业向客户连续转让某项承诺的商品时，如每天提供类似劳务的长期劳务合同等，如果这些商品属于实质相同且转让模式相同的一系列商品，企业应当将这一系列商品作为单项履约义务。其中，转让模式相同，是指每一项可明确区分的商品均满足本准则第十一条规定的在某一时段内履行履约义务的条件，且采用相同方法确定其履约进度。

【例15】企业与客户签订为期一年的保洁服务合同，承诺每天为客户提供保洁服务。

本例中，企业每天所提供的服务都是可明确区分且实质相同的，并且，根据控制权转移的判断标准，每天的服务都属于在某一时段内履行的履约义务。因此，企业应当将每天提供的保洁服务合并在一起作为单项履约义务进行会计处理。

企业在判断所转让的一系列商品是否实质相同时，应当考虑合同中承诺的性质，当企业承诺的是提供确定数量的商品时，需要考虑这些商品本身是否实质相同。例如，企业与客户签订2年的合同，每月向客户提供工资核算服务，共计24次，由于企业提供服务的次数是确定的，在判断每月的服务是否实质相同时，应当考虑每次提供的具体服务是否相同，由于同一家企业的员工结构、工资构成以及核算流程等相对稳定，企业每月提供的该项服务很可能符合"实质相同"的条件；当企业承诺的是在某一期间内随时向客户提供某项服务时，需要考虑企业在该期间内的各个时间段（如每天或每小时）的承诺是否相同，而并非具体的服务行为本身。例如，企业向客户提供2年的酒店管理服务，具体包括保洁、维修、安保等，但没有具体的服务次数或时间的要求，尽管企业每天提供的具体服务不一定相同，但是企业每天对于客户的承诺都是相同的，即按照约定的酒店管理标准，随时准备根据需要为其提供相关服务，因此，企业每天提供的该酒店管理服务符合"实质相同"的条件。

（三）履行每一单项履约义务时确认收入

企业应当在履行了合同中的履约义务，即客户取得相关商品控制权时确认收入。企业将商品的控制权转移给客户，该转移可能在某一时段内（即履行履约义务的过程中）发生，也可能在某一时点（即履约义务完成时）发生。企业应当根据实际情况，首先应当按照本准则第十一条判断履约义务是否满足在某一时段内履行的条件，如不满足，则该履约义务属于在某一时点履行的履约义务。对于在某一时段内履行的履约义务，企业应当选取恰当的方法来确定履约进度；对于在某一时点履行的履约义务，企业应当综合分析控制权转移的迹象，判断其转移时点。

1. 在某一时段内履行的履约义务。

（1）在某一时段内履行履约义务的条件。满足下列条件之一的，属于在某一时段内履行履约义务，相关收入应当在该履约义务履行的期间内确认：

①客户在企业履约的同时即取得并消耗企业履约所带来的经济利益。企业在履约过程中是持续地向客户转移企业履约所带来的经济利益的，该履约义务属于在某一时段内履行的履约义务，企业应当在履行履约义务的期间确认收入。对于例如保洁服务的一些服务类的合同而言，可以通过直观的判断获知，企业在履行履约义务（即提供保洁服务）的同时，客户即取得并消耗了企业履约所带来的经济利益。对于难以通过直观判断获知结论的情形，企业在进行判断时，可以假定在企业履约的过程中更换为其他企业继续履行剩余

履约义务，当该继续履行合同的企业实质上无需重新执行企业累计至今已经完成的工作时，表明客户在企业履约的同时即取得并消耗了企业履约所带来的经济利益。例如，甲企业承诺将客户的一批货物从 A 市运送到 B 市，假定该批货物在途经 C 市时，由乙运输公司接替甲企业继续提供该运输服务，由于 A 市到 C 市之间的运输服务是无需重新执行的，表明客户在甲企业履约的同时即取得并消耗了甲企业履约所带来的经济利益，因此，甲企业提供的运输服务属于在某一时段内履行的履约义务。

企业在判断其他企业是否实质上无需重新执行企业累计至今已经完成的工作时，应当基于下列两个前提：一是不考虑可能会使企业无法将剩余履约义务转移给其他企业的潜在限制，包括合同限制或实际可行性限制，在上述甲企业提供运输服务的例子中，甲企业为客户提供运输服务时，双方可能会在合同中约定，合同双方均不得解除合同，在进行上述判断时不需要考虑这一约定；二是假设继续履行剩余履约义务的其他企业将不会享有企业目前已控制的、且在剩余履约义务转移给其他企业后仍然控制的任何资产的利益。

②客户能够控制企业履约过程中在建的商品。企业在履约过程中在建的商品包括在产品、在建工程、尚未完成的研发项目、正在进行的服务等，由于客户控制了在建的商品，客户在企业提供商品的过程中获得其利益，因此，该履约义务属于在某一时段内履行的履约义务，应当在该履约义务履行的期间内确认收入。

【例 16】甲企业与客户签订合同，在客户拥有的土地上按照客户的设计要求为其建造厂房。在建造过程中客户有权修改厂房设计，并与甲企业重新协商设计变更后的合同价款。客户每月末按当月工程进度向甲企业支付工程款。如果客户终止合同，已完成建造部分的厂房归客户所有。

本例中，甲企业为客户建造厂房，该厂房位于客户的土地上，客户终止合同时，已建造的厂房归客户所有。这些均表明客户在该厂房建造的过程中就能够控制该在建的厂房。因此，甲企业提供的该建造服务属于在某一时段内履行的履约义务，企业应当在提供该服务的期间内确认收入。

③企业履约过程中所产出的商品具有不可替代用途，且该企业在整个合同期间内有权就累计至今已完成的履约部分收取款项。

一是，商品具有不可替代用途。具有不可替代用途，是指因合同限制或实际可行性限制，企业不能轻易地将商品用于其他用途。当企业产出的商品只能提供给某特定客户，而不能被轻易地用于其他用途（例如销售给其他客户）时，该商品就具有不可替代用途。在判断商品是否具有不可替代用途时，企业既应当考虑合同限制，也应当考虑实际可行性限制，但无需考虑合同被终止的可能性。企业在判断商品是否具有不可替代用途时，需要注意下列四点：

第一，判断时点是合同开始日。企业应当在合同开始日判断所承诺的商品是否具有不可替代用途，此后，除非发生合同变更，且该变更显著改变了原合同约定的履约义务，否则，企业无需重新进行判断。

第二，考虑合同限制。当合同中存在实质性的限制条款，导致企业不能将合同约定的商品用于其他用途时，该商品满足具有不可替代用途的条件。在判断限制条款是否具有实质性时，应当考虑企业试图把合同中约定的商品用于其他用途时，客户是否可以根据这些限制条款，主张其对该特定商品的权利，如果是，那么这些限制条款就是实质性的；相反，如果合同中约定的商品和企业的其他商品在很大程度上能够互相替换（例如企业生产的标准化产品），而不会导致企业违约，也无需发生重大的成本，则表明该限制条款不具有实质性。此外，如果合同中的限制条款仅为保护性条款，也不应考虑。例如，企业与客户约定，当企业清算时，不能向第三方转让代客户销售的某商品,该限制条款的目的是在企业清算时为客户提供保护,因此,应作为保护性条款,在判断该商品是否具有可替代用途时不应考虑。

第三,考虑实际可行性限制。虽然合同中没有限制条款,但是,当企业将合同中约定的商品用作其他用途,将导致企业遭受重大的经济损失时,企业将该商品用作其他用途的能力实际上受到了限制。企业遭受重大经济损失的原因可能是需要发生重大的返工成本,也可能是只能在承担重大损失的情况下才能将这些商品销售给其他客户。例如,企业根据某客户的要求,为其专门设计并生产了一套专用设备,由于该设备是定制化产品,企业如果将其销售给其他客户,需要发生重大的改造成本,表明企业将该产品用于其他用途的能力受到实际可行性的限制,因此,该产品满足"具有不可替代用途"的条件。

第四,基于最终转移给客户的商品的特征判断。当商品在生产的前若干个生产步骤是标准化的,只是从某一时点(或者某一流程)才进入定制化的生产时,企业应当根据最终转移给客户时该商品的特征来判断其是否满足"具有不可替代用途"的条件。例如,某汽车零部件生产企业,为客户提供定制零部件的生产,该生产通常需要经过四道工序,前两道工序是标准工序,后两道工序是特殊工序,处于前两道工序的在产品,可以用于任一客户的需要,但是,进入第三道工序后的产品只能销售给某特定客户。在企业与该特定客户之间的有关最终产品的合同下,最终产品符合"具有不可替代用途"的条件。

二是,企业在整个合同期间内有权就累计至今已完成的履约部分收取款项。有权就累计至今已完成的履约部分收取款项,是指在由于客户或其他方原因终止合同的情况下,企业有权就累计至今已完成的履约部分收取能够补偿其已发生成本和合理利润的款项,并且该权利具有法律约束力。需要强调的是,合同终止必须是由于客户或其他方而非企业自身的原因所致,在整个合同期间内的任一时点,企业均应当拥有此项权利。企业在进行判断时,需要注意下列五点:

第一,企业有权收取的该款项应当大致相当于累计至今已经转移给客户的商品的售价,即该金额应当能够补偿企业已经发生的成本和合理利润。企业有权收取的款项为保证金或仅是补偿企业已经发生的成本或可能损失的利润的,不满足这一条件。补偿企业的合理利润并不意味着补偿金额一定要等于该合同的整体毛利水平。下列两种情形都属于补偿企业的合理利润:一是根据合同终止前的履约进度对该合同的毛利水平进行调整后确定的金额作为补偿金额。二是如果该合同的毛利水平高于企业同类合同的毛利水平,以企业从同类合同中能够获取的合理资本回报或者经营毛利作为利润补偿。此外,当客户先行支付的合同价款金额足够重大(通常指全额预付合同价款),以致能够在整个合同期间内任一时点补偿企业已经发生的成本和合理利润时,如果客户要求提前终止合同,企业有权保留该款项并无需返还,且有相关法律法规支持的,则表明企业能够满足在整个合同期间内有权就累计至今已完成的履约部分收取款项的条件。

第二,该规定并不意味着企业拥有现时可行使的无条件收款权。企业通常会在与客户的合同中约定,只有在达到某一重要时点、某重要事项完成后或者整个合同完成之后,企业才拥有无条件的收取相应款项的权利。在这种情况下,企业在判断其是否有权就累计至今已完成的履约部分收取款项时,应当考虑,假设在发生由于客户或其他方原因导致合同在该重要时点、重要事项完成前或合同完成前终止时,企业是否有权主张该收款权利,即是否有权要求客户补偿其累计至今已完成的履约部分应收取的款项。

第三，当客户只有在某些特定时点才有权终止合同，或者根本无权终止合同时，客户终止了合同（包括客户没有按照合同约定履行其义务），但是，合同条款或法律法规要求，企业应继续向客户转移合同中承诺的商品并因此有权要求客户支付对价，此种情况也符合"企业有权就累计至今已完成的履约部分收取款项"的要求。

第四，企业在进行判断时，既要考虑合同条款的约定，还应当充分考虑适用的法律法规、补充或者凌驾于合同条款之上的以往司法实践以及类似案例的结果等。例如，即使在合同没有明确约定的情况下，相关的法律法规等是否支持企业主张相关的收款权利；以往的司法实践是否表明合同中的某些条款没有法律约束力；在以往的类似合同中，企业虽然拥有此类权利，却在考虑了各种因素之后没有行使该权利，这是否会导致企业主张该权利的要求在当前的法律环境下不被支持等。

第五，企业和客户之间在合同中约定的付款时间进度表，不一定就表明企业有权就累计至今已完成的履约部分收取款项，这是因为合同约定的付款进度和企业的履约进度可能并不匹配。此种情况下，企业仍需要证据对其是否有该收款权进行判断。

【例17】甲公司与乙公司签订合同，针对乙公司的实际情况和面临的具体问题，为改善其业务流程提供咨询服务，并出具专业的咨询意见。双方约定，甲公司仅需要向乙公司提交最终的咨询意见，而无需提交任何其在工作过程中编制的工作底稿和其他相关资料；在整个合同期间内，如果乙公司单方面终止合同，乙公司需要向甲公司支付违约金，违约金的金额等于甲公司已发生的成本加上15%的毛利率，该毛利率与甲公司在类似合同中能够赚取的毛利率大致相同。

本例中，在合同执行过程中，由于乙公司无法获得甲公司已经完成工作的工作底稿和其他任何资料，假设在执行合同的过程中，因甲公司无法履约而需要由其他公司来继续提供后续咨询服务并出具咨询意见时，其需要重新执行甲公司已经完成的工作，表明乙公司并未在甲公司履约的同时即取得并消耗了甲公司履约所带来的经济利益。然而，由于该咨询服务是针对乙公司的具体情况而提供的，甲公司无法将最终的咨询意见用作其他用途，表明其具有不可替代用途；此外，在整个合同期间内，如果乙公司单方面终止合同，甲公司根据合同条款可以主张其已发生的成本及合理利润，表明甲公司在整个合同期间内有权就累计至今已完成的履约部分收取款项。因此，甲公司向乙公司提供的咨询服务属于在某一时段内履行的履约义务，甲公司应当在其提供服务的期间内按照适当的履约进度确认收入。

【例18】甲公司是一家造船企业，与乙公司签订了一份船舶建造合同，按照乙公司的具体要求设计和建造船舶。甲公司在自己的厂区内完成该船舶的建造，乙公司无法控制在建过程中的船舶。甲公司如果想把该船舶出售给其他客户，需要发生重大的改造成本。双方约定，如果乙公司单方面解约，乙公司需向甲公司支付相当于合同总价30%的违约金，且建造中的船舶归甲公司所有。假定该合同仅包含一项履约义务，即设计和建造船舶。

本例中，船舶是按照乙公司的具体要求进行设计和建造的，甲公司需要发生重大的改造成本将该船舶改造之后才能将其出售给其他客户，因此，该船舶具有不可替代用途。然而，如果乙公司单方面解约，仅需向甲公司支付相当于合同总价30%的违约金，表明甲公司无法在整个合同期间内都有权就累计至今已完成的履约部分收取能够补偿其已发生成本和合理利润的款项。因此，甲公司为乙公司设计和建造船舶不属于在某一时段内履行的履约义务。

综上所述，商品具有不可替代用途和企业在整个合同期间内有权就累计至今已完成的履约部分收取款项这两个要素，在判断是否满足在某一时段履行的履约义务的第③种情况时缺一不可，且均与控制权的判断有关联。这是因为，当企业无法轻易地将产出的商品用于其他用途时，企业实际上是按照客户的要求生产商品，在这种情况下，如果合同约定，由于客户或其他方的原因导致合同被终止时，客户必须就企业累计至今已完成的履约部分支付款项，且该款项能够补偿企业已经发生的成本和合理利润，那么企业将因此而防止终止合同时企业未保留该商品或只保留几乎无价值的商品的风险。这与商品购销交易中，客户通常只有在取得对商品的控制权时才有义务支付相应的合同价款是一致的。因此，客户有义务（或无法避免）就企业已经完成的履约部分支付相应款项的情况表明，客户已获得企业履约所带来的经济利益。

（2）在某一时段内履行的履约义务的收入确认。对于在某一时段内履行的履约义务，企业应当在该段时间内按照履约进度确认收入，但是，履约进度不能合理确定的除外。企业应当考虑商品的性质，采用产出法或投入法确定恰当的履约进度，并且在确定履约进度时，应当扣除那些控制权尚未转移给客户的商品和服务。企业按照履约进度确认收入时，通常应当在资产负债表日按照合同的交易价格总额乘以履约进度扣除以前会计期间累计已确认的收入后的金额，确认为当期收入。

①产出法。产出法是根据已转移给客户的商品对于客户的价值确定履约进度的方法，通常可采用实际测量的完工进度、评估已实现的结果、已达到的里程碑、时间进度、已完工或交付的产品等产出指标确定履约进度。企业在评估是否采用产出法确定履约进度时，应当考虑具体的事实和情况，并选择能够如实反映企业履约进度和向客户转移商品控制权的产出指标。当选择的产出指标无法计量控制权已转移给客户的商品时，不应采用产出法。例如，当处于生产过程中的在产品在其完工或交付前已属于客户时，如果该在产品对

本合同或财务报表具有重要性，则在确定履约进度时不应使用已完工或已交付的产品作为产出指标，这是因为处于生产过程中的在产品的控制权也已经转移给了客户，而这些在产品并没有包括在产出指标的计量中，因此该指标并未如实反映已向客户转移商品的进度。又如，如果企业在合同约定的各个里程碑之间向客户转移了重大的商品的控制权，则很可能表明基于已达到的里程碑确定履约进度的方法是不恰当的。实务中，为便于操作，当企业向客户开具发票的对价金额与向客户转让增量商品价值直接相一致时，如企业按照固定的费率以及发生的工时向客户开具账单，企业直接按照发票对价金额确认收入也是一种恰当的产出法。

【例19】甲公司与客户签订合同，为该客户拥有的一条铁路更换100根铁轨，合同价格为10万元（不含税价）。截至2×18年12月31日，甲公司共更换铁轨60根，剩余部分预计在2×19年3月31日之前完成。该合同仅包含一项履约义务，且该履约义务满足在某一时段内履行的条件。假定不考虑其他情况。

本例中，甲公司提供的更换铁轨的服务属于在某一时段内履行的履约义务，甲公司按照已完成的工作量确定履约进度。因此，截至2×18年12月31日，该合同的履约进度为60%（60÷100），甲公司应确认的收入为6万元（10×60%）。

产出法是根据能够代表向客户转移商品控制权的产出指标直接计算履约进度的，因此通常能够客观地反映履约进度。但是，产出法下有关产出指标的信息有时可能无法直接观察获得，企业为获得这些信息需要花费很高的成本，这就可能需要采用投入法来确定履约进度。

②投入法。投入法是根据企业履行履约义务的投入确定履约进度的方法，通常可采用投入的材料数量、花费的人工工时或机器工时、发生的成本和时间进度等投入指标确定履约进度。当企业从事

的工作或发生的投入是在整个履约期间内平均发生时,企业也可以按照直线法确认收入。

【例20】 乙公司经营一家健身俱乐部。2×18年2月1日,某客户与乙公司签订合同,成为乙公司的会员,并向乙公司支付会员费3 600元(不含税价),可在未来的12个月内在该俱乐部健身,且没有次数的限制。

本例中,客户在会籍期间可随时来俱乐部健身,且没有次数限制,客户已使用俱乐部健身的次数不会影响其未来继续使用的次数,乙公司在该合同下的履约义务是承诺随时准备在客户需要时为其提供健身服务,因此,该履约义务属于在某一时段内履行的履约义务,并且该履约义务在会员的会籍期间内随时间的流逝而被履行。因此,乙公司按照直线法确认收入,即每月应当确认的收入为300元(3 600÷12),截至2×18年12月31日,乙公司应确认的收入为3 300元(300×11)。

需要说明的是,如果客户购买的是确定数量的服务,如在未来12个月内,客户可随时来健身俱乐部健身100次,则乙公司的履约义务是为客户提供这100次健身服务,而不是随时准备为其提供健身服务的承诺。因此,乙公司应当按照客户已使用健身服务的次数确认收入。

投入法所需要的投入指标虽然易于获得,但是,投入指标与企业向客户转移商品的控制权之间未必存在直接的对应关系。因此,企业在采用投入法确定履约进度时,应当扣除那些虽然已经发生、但是未导致向客户转移商品的投入。例如,企业为履行合同应开展一些初始活动,如果这些活动并没有向客户转移企业承诺的服务,则企业在使用投入法确定履约进度时,不应将为开展这些活动发生的相关投入包括在内。

实务中,通常按照累计实际发生的成本占预计总成本的比例

(即,成本法)确定履约进度,累计实际发生的成本包括企业向客户转移商品过程中所发生的直接成本和间接成本,如直接人工、直接材料、分包成本以及其他与合同相关的成本。在下列情形下,企业在采用成本法确定履约进度时,可能需要对已发生的成本进行适当的调整:

一是,已发生的成本并未反映企业履行履约义务的进度。例如,因企业生产效率低下等原因而导致的非正常消耗,包括非正常消耗的直接材料、直接人工及制造费用等,不应包括在累计实际发生的成本中,这是因为这些非正常消耗并没有为合同进度做出贡献,但是,企业和客户在订立合同时已经预见会发生这些成本并将其包括在合同价款中的除外。

二是,已发生的成本与企业履行履约义务的进度不成比例。当企业已发生的成本与履约进度不成比例,企业在采用成本法确定履约进度时需要进行适当调整,通常仅以其已发生的成本为限确认收入。对于施工中尚未安装、使用或耗用的商品(本段的商品不包括服务)或材料成本等,当企业在合同开始日就预期将能够满足下列所有条件时,应在采用成本法确定履约进度时不包括这些成本:第一,该商品或材料不可明确区分,即不构成单项履约义务;第二,客户先取得该商品或材料的控制权,之后才接受与之相关的服务;第三,该商品或材料的成本相对于预计总成本而言是重大的;第四,企业自第三方采购该商品或材料,且未深入参与其设计和制造,对于包含该商品的履约义务而言,企业是主要责任人。

【例21】2×18年10月,甲公司与客户签订合同,为客户装修一栋办公楼,包括安装一部电梯,合同总金额为100万元。甲公司预计的合同总成本为80万元,其中包括电梯的采购成本30万元。

2×18年12月,甲公司将电梯运达施工现场并经过客户验收,客户已取得对电梯的控制权,但是,根据装修进度,预计到2×19

年2月才会安装该电梯。截至2×18年12月,甲公司累计发生成本40万元,其中包括支付给电梯供应商的采购成本30万元以及因采购电梯发生的运输和人工等相关成本5万元。

假定:该装修服务(包括安装电梯)构成单项履约义务,并属于在某一时段内履行的履约义务,甲公司是主要责任人,但不参与电梯的设计和制造;甲公司采用成本法确定履约进度;上述金额均不含增值税。

本例中,截至2×18年12月,甲公司发生成本40万元(包括电梯采购成本30万元以及因采购电梯发生的运输和人工等相关成本5万元),甲公司认为其已发生的成本和履约进度不成比例,因此需要对履约进度的计算作出调整,将电梯的采购成本排除在已发生成本和预计总成本之外。在该合同中,该电梯不构成单项履约义务,其成本相对于预计总成本而言是重大的,甲公司是主要责任人,但是未参与该电梯的设计和制造,客户先取得了电梯的控制权,随后才接受与之相关的安装服务,因此,甲公司在客户取得该电梯控制权时,按照该电梯采购成本的金额确认转让电梯产生的收入。

2×18年12月,该合同的履约进度为20%[(40-30)÷(80-30)],应确认的收入和成本金额分别为44万元[(100-30)×20%+30]和40万元[(80-30)×20%+30]。

企业为履行属于在某一时段内履行的单项履约义务而发生的支出并非均衡发生的,在采用某种方法(例如成本法)确定履约进度时,可能会导致企业对于较早生产的产品确认更多的收入和成本。例如,企业承诺向客户交付一定数量的商品,且该承诺构成单项履约义务,在履约的前期,由于经验不足、技术不成熟、操作不熟练等原因,企业可能会发生较高的成本,而随着经验的不断累积,企业的生产效率逐步提高,导致企业的履约成本逐步下降。这一结果是合理的,因为这表明企业在合同早期的履约情况具有更高的价值,正如企业只销售一件产品的售价可能会高于销售多件产品时的平均价格一样。如果该单项履约义务属于在某一时点履行的履约义务，企业则需要按照其他相关会计准则对相关支出进行会计处理（例如，按照《企业会计准则第1号——存货》，生产商品的成本将作为存货进行累计，企业应选择适当方法计量存货）；不属于其他相关企业会计准则规范范围的，应当按照本准则第二十六条和第二十七条的规定判断将其确认为一项资产还是计入当期损益。

每一资产负债表日，企业应当对履约进度进行重新估计。当客观环境发生变化时，企业也需要重新评估履约进度是否发生变化，以确保履约进度能够反映履约情况的变化，该变化应当作为会计估计变更进行会计处理。对于每一项履约义务，企业只能采用一种方法来确定其履约进度，并加以一贯运用。对于类似情况下的类似履约义务，企业应当采用相同的方法（例如，成本法）确定履约进度。

对于在某一时段内履行的履约义务，只有当其履约进度能够合理确定时，才应当按照履约进度确认收入。企业如果无法获得确定履约进度所需的可靠信息，则无法合理地确定其履行履约义务的进度。当履约进度不能合理确定时，企业已经发生的成本预计能够得到补偿的，应当按照已经发生的成本金额确认收入，直到履约进度能够合理确定为止。

2. 在某一时点履行的履约义务。

对于不属于在某一时段内履行的履约义务，应当属于在某一时点履行的履约义务，企业应当在客户取得相关商品控制权时点确认收入。在判断客户是否已取得商品控制权（即客户是否能够主导该商品的使用并从中获得几乎全部的经济利益）时，企业应当考虑下列五个迹象：

（1）企业就该商品享有现时收款权利，即客户就该商品负有现时付款义务。当企业就该商品享有现时收款权利时，可能表明客户已经有能力主导该商品的使用并从中获得几乎全部的经济利益。

（2）企业已将该商品的法定所有权转移给客户，即客户已拥有该商品的法定所有权。当客户取得了商品的法定所有权时，可能表明其已经有能力主导该商品的使用并从中获得几乎全部的经济利益，或者能够阻止其他企业获得这些经济利益，即客户已取得对该商品的控制权。如果企业仅仅是为了确保到期收回货款而保留商品的法定所有权，那么该权利通常不会对客户取得对该商品的控制权构成障碍。

（3）企业已将该商品实物转移给客户，即客户已占有该商品实物。客户如果已经占有商品实物，则可能表明其有能力主导该商品的使用并从中获得其几乎全部的经济利益，或者使其他企业无法获得这些利益。需要说明的是，客户占有了某项商品实物并不意味着其就一定取得了该商品的控制权，反之亦然。

①委托代销安排。这一安排是指委托方和受托方签订代销合同或协议，委托受托方向终端客户销售商品。在这种安排下，企业应当评估受托方在企业向其转让商品时是否已获得对该商品的控制权，如果没有，企业不应在此时确认收入，通常应当在受托方售出商品时确认销售商品收入；受托方应当在商品销售后，按合同或协议约定的方法计算确定的手续费确认收入。表明一项安排是委托代销安排的迹象包括但不限于：一是在特定事件发生之前（例如，向最终客户出售商品或指定期间到期之前），企业拥有对商品的控制权。二是企业能够要求将委托代销的商品退回或者将其销售给其他方（如其他经销商）。三是尽管受托方可能被要求向企业支付一定金额的押金，但是，其并没有承担对这些商品无条件付款的义务。

【例22】甲公司委托乙公司销售 W 商品 1 000 件，W 商品已经发出，每件成本为 70 元。合同约定乙公司应按每件 100 元对外销售，甲公司按不含增值税的销售价格的 10% 向乙公司支付手续费。

除非这些商品在乙公司存放期间内由于乙公司的责任发生毁损或丢失,否则在W商品对外销售之前,乙公司没有义务向甲公司支付货款。乙公司不承担包销责任,没有售出的W商品须退回给甲公司,同时,甲公司也有权要求收回W商品或将其销售给其他的客户。乙公司对外实际销售1 000件,开出的增值税专用发票上注明的销售价格为100 000元,增值税税额为16 000元,款项已经收到,乙公司立即向甲公司开具代销清单并支付货款。甲公司收到乙公司开具的代销清单时,向乙公司开具一张相同金额的增值税专用发票。假定甲公司发出W商品时纳税义务尚未发生,手续费增值税税率为6%,不考虑其他因素。

本例中,甲公司将W商品发送至乙公司后,乙公司虽然已经实物占有W商品,但是仅是接受甲公司的委托销售W商品,并根据实际销售的数量赚取一定比例的手续费。甲公司有权要求收回W商品或将其销售给其他的客户,乙公司并不能主导这些商品的销售,这些商品对外销售与否、是否获利以及获利多少等不由乙公司控制,乙公司没有取得这些商品的控制权。因此,甲公司将W商品发送至乙公司时,不应确认收入,而应当在乙公司将W商品销售给最终客户时确认收入。根据上述资料,甲公司的账务处理如下:

(1) 发出商品。

借:发出商品——乙公司　　　　　　　　70 000
　　贷:库存商品——W商品　　　　　　　　　70 000

(2) 收到代销清单,同时发生增值税纳税义务。

借:应收账款——乙公司　　　　　　　　116 000
　　贷:主营业务收入——销售W商品　　　　100 000
　　　　应交税费——应交增值税(销项税额)　16 000
借:主营业务成本——销售W商品　　　　　70 000
　　贷:发出商品——乙公司　　　　　　　　　70 000

借：销售费用——代销手续费　　　　　　　　10 000
　　应交税费——应交增值税（进项税额）　　　600
　　贷：应收账款——乙公司　　　　　　　　　　　10 600

（3）收到乙公司支付的货款。

借：银行存款　　　　　　　　　　　　　　105 400
　　贷：应收账款——乙公司　　　　　　　　　　　105 400

乙公司的账务处理如下：

（1）收到商品。

借：受托代销商品——甲公司　　　　　　　100 000
　　贷：受托代销商品款——甲公司　　　　　　　　100 000

（2）对外销售。

借：银行存款　　　　　　　　　　　　　　116 000
　　贷：受托代销商品——甲公司　　　　　　　　　100 000
　　　　应交税费——应交增值税（销项税额）　　　16 000

（3）收到增值税专用发票。

借：受托代销商品款——甲公司　　　　　　100 000
　　应交税费——应交增值税（进项税额）　　16 000
　　贷：应付账款——甲公司　　　　　　　　　　　116 000

（4）支付货款并计算代销手续费。

借：应付账款——甲公司　　　　　　　　　116 000
　　贷：银行存款　　　　　　　　　　　　　　　　105 400
　　　　其他业务收入——代销手续费　　　　　　　10 000
　　　　应交税费——应交增值税（销项税额）　　　600

②售后代管商品安排。售后代管商品是指根据企业与客户签订的合同，已经就销售的商品向客户收款或取得了收款权利，但是直到在未来某一时点将该商品交付给客户之前，仍然继续持有该商品实物的安排。实务中，客户可能会因为缺乏足够的仓储空间或生产

进度延迟而要求与销售方订立此类合同。在这种情况下,尽管企业仍然持有商品的实物,但是,当客户已经取得了对该商品的控制权时,即使客户决定暂不行使实物占有的权利,其依然有能力主导该商品的使用并从中获得几乎全部的经济利益。因此,企业不再控制该商品,而只是向客户提供了代管服务。

在售后代管商品安排下,除了应当考虑客户是否取得商品控制权的迹象之外,还应当同时满足下列四项条件,才表明客户取得了该商品的控制权:一是该安排必须具有商业实质,例如,该安排是应客户的要求而订立的;二是属于客户的商品必须能够单独识别,例如,将属于客户的商品单独存放在指定地点;三是该商品可以随时交付给客户;四是企业不能自行使用该商品或将该商品提供给其他客户。实务中,越是通用的、可以和其他商品互相替换的商品,越有可能难以满足上述条件。

需要注意的是,如果在满足上述条件的情况下,企业对尚未发货的商品确认了收入,则企业应当考虑是否还承担了其他的履约义务,例如,向客户提供保管服务等,从而应当将部分交易价格分摊至该履约义务。

【例23】2×18年1月1日,甲公司与乙公司签订合同,向其销售一台设备和专用零部件。设备和零部件的制造期为2年。甲公司在完成设备和零部件的生产之后,能够证明其符合合同约定的规格。假定在该合同下,向客户转让设备和零部件是可明确区分的,因此,企业应将其作为两项履约义务,且都属于在某一时点履行的履约义务。

2×19年12月31日,乙公司支付了该设备和零部件的合同价款,并对其进行了验收。乙公司运走了设备,但是,考虑到其自身的仓储能力有限,且其工厂紧邻甲公司的仓库,因此,要求将零部件存放于甲公司的仓库中,并且要求甲公司按照其指令随时安排发货。乙公司已拥有零部件的法定所有权，且这些零部件可明确识别为属于乙公司的物品。甲公司在其仓库内的单独区域内存放这些零部件，并应乙公司的要求可随时发货，甲公司不能使用这些零部件，也不能将其提供给其他客户使用。

本例中，2×19年12月31日，设备的控制权已转移给乙公司；对于零部件而言，甲公司已经收取合同价款，但是应乙公司的要求尚未发货，乙公司已拥有零部件的法定所有权并且对其进行了验收，虽然这些零部件实物尚由甲公司持有，但是其满足在售后代管商品的安排下客户取得商品控制权的条件，这些零部件的控制权也已经转移给了乙公司。因此，甲公司应当确认销售设备和零部件的相关收入。除此之外，甲公司还为乙公司提供了仓储保管服务，该服务与设备和零部件可明确区分，构成单项履约义务。

【例24】A公司生产并销售笔记本电脑。2×18年，A公司与零售商B公司签订销售合同，向其销售1万台电脑。由于B公司的仓储能力有限，无法在2×18年底之前接收该批电脑，双方约定A公司在2×19年按照B公司的指令按时发货，并将电脑运送至B公司指定的地点。2×18年12月31日，A公司共有上述电脑库存1.2万台，其中包括1万台将要销售给B公司的电脑。然而，这1万台电脑和其余2 000台电脑一起存放并统一管理，并且彼此之间可以互相替换。

本例中，尽管是由于B公司没有足够的仓储空间才要求A公司暂不发货，并按照其指定的时间发货，但是由于这1万台电脑与A公司的其他产品可以互相替换，且未单独存放保管，A公司在向B公司交付这些电脑之前，能够将其提供给其他客户或者自行使用。因此，这1万台电脑在2×18年12月31日不满足售后代管商品安排下确认收入的条件。

（4）企业已将该商品所有权上的主要风险和报酬转移给客户，

即客户已取得该商品所有权上的主要风险和报酬。企业向客户转移了商品所有权上的主要风险和报酬，可能表明客户已经取得了主导该商品的使用并从中获得其几乎全部经济利益的能力。但是，在评估商品所有权上的主要风险和报酬是否转移时，不应考虑导致企业在除所转让商品之外产生其他单项履约义务的风险。例如，企业将产品销售给客户，并承诺提供后续维护服务的安排中，销售产品和提供维护服务均构成单项履约义务，企业将产品销售给客户之后，虽然仍然保留了与后续维护服务相关的风险，但是，由于维护服务构成单项履约义务，所以该保留的风险并不影响企业已将产品所有权上的主要风险和报酬转移给客户的判断。

（5）客户已接受该商品。如果客户已经接受了企业提供的商品，例如，企业销售给客户的商品通过了客户的验收，可能表明客户已经取得了该商品的控制权。合同中有关客户验收的条款，可能允许客户在商品不符合约定规格的情况下解除合同或要求企业采取补救措施。因此，企业在评估是否已经将商品的控制权转移给客户时，应当考虑此类条款。当企业能够客观地确定其已经按照合同约定的标准和条件将商品的控制权转移给客户时，客户验收只是一项例行程序，并不影响企业判断客户取得该商品控制权的时点。例如，企业向客户销售一批必须满足规定尺寸和重量的产品，合同约定，客户收到该产品时，将对此进行验收。由于该验收条件是一个客观标准，企业在客户验收前就能够确定其是否满足约定的标准，客户验收可能只是一项例行程序。实务中，企业应当根据过去执行类似合同积累的经验以及客户验收的结果取得相应证据。当在客户验收之前确认收入时，企业还应当考虑是否还存在剩余的履约义务，例如设备安装等，并且评估是否应当对其单独进行会计处理。

相反，当企业无法客观地确定其向客户转让的商品是否符合合同规定的条件时，在客户验收之前，企业不能认为已经将该商品的控制权转移给了客户。这是因为，在这种情况下，企业无法确定客户是否能够主导该商品的使用并从中获得其几乎全部的经济利益。例如，客户主要基于主观判断进行验收时，该验收往往不能被视为仅仅是一项例行程序，在验收完成之前，企业无法确定其商品是否能够满足客户的主观标准，因此，企业应当在客户完成验收并接受该商品时才能确认收入。实务中，定制化程度越高的商品，越难以证明客户验收仅仅是一项例行程序。

此外，如果企业将商品发送给客户供其试用或者测评，且客户并未承诺在试用期结束前支付任何对价，则在客户接受该商品或者在试用期结束之前，该商品的控制权并未转移给客户。

需要强调的是，在上述五个迹象中，并没有哪一个或哪几个迹象是决定性的，企业应当根据合同条款和交易实质进行分析，综合判断其是否将商品的控制权转移给客户以及何时转移的，从而确定收入确认的时点。此外，企业应当从客户的角度进行评估，而不应当仅考虑企业自身的看法。

五、关于收入的计量

企业应当首先确定合同的交易价格,再按照分摊至各单项履约义务的交易价格计量收入。

(一) 确定交易价格

交易价格,是指企业因向客户转让商品而预期有权收取的对价金额。企业代第三方收取的款项(例如增值税)以及企业预期将退还给客户的款项,应当作为负债进行会计处理,不计入交易价格。合同标价并不一定代表交易价格,企业应当根据合同条款,并结合以往的习惯做法确定交易价格。在确定交易价格时,企业应当考虑可变对价、合同中存在的重大融资成分、非现金对价以及应付客户对价等因素的影响,并应当假定将按照现有合同的约定向客户转移商品,且该合同不会被取消、续约或变更。

1. 可变对价。

企业与客户的合同中约定的对价金额可能是固定的,也可能会因折扣、价格折让、返利、退款、奖励积分、激励措施、业绩奖金、索赔等因素而变化。此外,企业有权收取的对价金额,将根据一项或多项或有事项的发生有所不同的情况,也属于可变对价的情形,例如,企业售出商品但允许客户退货时,由于企业有权收取的对价金额将取决于客户是否退货,因此该合同的交易价格是可变的。企业在判断交易价格是否为可变对价时,应当考虑各种相关因素(如企业已公开宣布的政策、特定声明、以往的习惯做法、销售战略以及客户所处的环境等),以确定其是否会接受一个低于合同标价的金额,即企业向客户提供一定的价格折让。

【例25】甲公司为其客户建造一栋厂房,合同约定的价款为100

万元，但是，如果甲公司不能在合同签订之日起的120天内竣工，则须支付10万元罚款，该罚款从合同价款中扣除。上述金额均不含增值税。

本例中，该合同的对价金额实际由两部分组成，即90万元的固定价格以及10万元的可变对价。

企业在判断合同中是否存在可变对价时，不仅应当考虑合同条款的约定，在下列情况下，即使合同中没有明确约定，合同的对价金额也是可变的：一是根据企业已公开宣布的政策、特定声明或者以往的习惯做法等，客户能够合理预期企业将会接受低于合同约定的对价金额，即企业会以折扣、返利等形式提供价格折让。二是其他相关事实和情况表明，企业在与客户签订合同时即打算向客户提供价格折让。例如，企业与一新客户签订合同，虽然企业没有对该客户销售给予折扣的历史经验，但是，根据企业拓展客户关系的战略安排，企业愿意接受低于合同约定的价格。合同中存在可变对价的，企业应当对计入交易价格的可变对价进行估计。

（1）可变对价最佳估计数的确定。在对可变对价进行估计时，企业应当按照期望值或最可能发生金额确定可变对价的最佳估计数。这并不意味着企业可以在两种方法之间随意进行选择，而是应当选择能够更好地预测其有权收取的对价金额的方法，并且对于类似的合同，应当采用相同的方法进行估计。

期望值是按照各种可能发生的对价金额及相关概率计算确定的金额。如果企业拥有大量具有类似特征的合同，企业据此估计合同可能产生多个结果时，按照期望值估计可变对价金额通常是恰当的。

【例26】甲公司生产和销售电视机。2×18年3月，甲公司向零售商乙公司销售1 000台电视机，每台价格为3 000元，合同价款合计300万元。甲公司向乙公司提供价格保护，同意在未来6个月内，如果同款电视机售价下降，则按照合同价格与最低售价之间的差额向乙公司支付差价。甲公司根据以往执行类似合同的经验，预计各种结果发生的概率如表1所示。

表1

未来6个月内的降价金额（元/台）	概率
0	40%
200	30%
500	20%
1 000	10%

上述价格均不包含增值税。

本例中，甲公司认为期望值能够更好地预测其有权获取的对价金额。假定不考虑本准则有关将可变对价计入交易价格的限制要求，在该方法下，甲公司估计交易价格为每台2 740元（3 000×40% + 2 800×30% +2 500×20% +2 000×10%）。

最可能发生金额是一系列可能发生的对价金额中最可能发生的单一金额，即合同最可能产生的单一结果。当合同仅有两个可能结果（例如，企业能够达到或不能达到某业绩奖金目标）时，按照最可能发生金额估计可变对价金额可能是恰当的。

【例27】沿用〖例25〗，甲公司对合同结果的估计如下：工程按时完工的概率为90%，工程延期的概率为10%。

本例中，由于该合同涉及两种可能结果，甲公司认为按照最可能发生金额能够更好地预测其有权获取的对价金额。因此，甲公司估计的交易价格为100万元，即为最可能发生的单一金额。

需要说明的是，对于某一事项的不确定性对可变对价金额的影响，企业应当在整个合同期间一致地采用同一种方法进行估计。但是，当存在多个不确定性事项均会影响可变对价金额时，企业可以采用不同的方法对其进行估计。企业在对可变对价进行估计时，应当考虑能够合理获得的所有信息（包括历史信息、当前信息以及预测信息），并且在合理的数量范围内估计各种可能发生的对价金额以及概率。通常情况下，企业在估计可变对价金额时使用的信息，应当与其在对相关商品进行投标或定价时所使用的信息一致。

【例28】甲公司与乙公司签订固定造价合同，在乙公司的厂区内为其建造一栋办公楼，合同价款为500万元。根据合同约定，该项工程的完工日期为2×18年3月31日，如果甲公司能够在该日期之前完工，则每提前一天，合同价款将增加2万元；相反，如果甲公司未能按期完工，则每推迟一天，合同价款将会减少2万元。此外，合同约定，该项工程完工之后将参与省级优质工程奖的评选，如果能够获奖，乙公司将额外奖励甲公司20万元。

本例中，产生可变对价的事项有两项：一是是否按期完工，二是能否获得省级优质工程奖。甲公司可以采用不同的方法对其进行估计：对于前者，甲公司按照期望值进行估计；对于后者，甲公司按照最有可能的金额进行估计。

（2）计入交易价格的可变对价金额的限制。企业按照期望值或最可能发生金额确定可变对价金额之后，计入交易价格的可变对价金额还应该满足限制条件，即包含可变对价的交易价格，应当不超过在相关不确定性消除时，累计已确认的收入极可能不会发生重大转回的金额。企业在评估与可变对价相关的不确定性消除时，累计已确认的收入金额是否极可能不会发生重大转回时，应当同时考虑收入转回的可能性及转回金额的比重。其中，"极可能"是一个比较高的门槛，其发生的概率应远高于"很可能（即，可能性超过50%）"，但不要求达到"基本确定（即，可能性超过95%）"，其目的是避免因为一些不确定性因素的发生导致之前已经确认的收入发生转回；在评估收入转回金额的比重时，应同时考虑合同中包含的固定对价和可变对价，也就是说，企业应当评估可能发生的收入转回金额相对于合同总对价（包括固定对价和可变对价）而言的比重。企业应当将满足上述限制条件的可变对价的金额，计入交易价格。

导致收入转回的可能性增强或转回金额比重增加的因素包括但不限于：一是对价金额极易受到企业影响范围之外的因素影响，例如市场波动性、第三方的判断或行动、天气状况、已承诺商品存在较高的陈旧过时风险等。二是对价金额的不确定性预计在较长时期内无法消除。三是企业对类似合同的经验（或其他证据）有限，或者相关经验（或其他证据）的预测价值有限。四是企业在以往实务中对于类似情况下的类似合同，或曾提供了多种不同程度的价格折扣，或曾给予不同的付款条件。五是合同有多种可能的对价金额，且这些对价金额分布非常广泛。需要说明的是，将可变对价计入交易价格的限制条件不适用于企业向客户授予知识产权许可并约定按客户实际销售或使用情况收取特许权使用费的情况。

每一资产负债表日，企业应当重新估计可变对价金额（包括重新评估对可变对价的估计是否受到限制），以如实反映报告期末存在的情况以及报告期内发生的情况变化。

【例29】2×18年12月1日，甲公司与其分销商乙公司签订合同，向乙公司销售1 000件产品，每件产品的售价为100元，合同总价为10万元，乙公司当日取得这些产品的控制权。乙公司通常在取得产品后的90天内将其对外售出，且乙公司在这些产品售出后才向甲公司支付货款。上述价格均不包含增值税。该合同中虽然约定了销售价格，但是基于甲公司过往的实务经验，为了维护与乙公司的客户关系，甲公司预计会向乙公司提供价格折扣，以便于乙公司能够以更加优惠的价格向最终客户销售这些产品，从而促进该产品的整体销量。因此，甲公司认为该合同的对价是可变的。

甲公司已销售该产品及类似产品多年，积累了丰富的经验，可观察的历史数据表明，甲公司以往销售此类产品时会给予客户大约

20%的折扣。同时,根据当前市场信息分析,20%的降价幅度足以促进该产品的销量,从而提高其周转率。甲公司多年来向客户提供的折扣从未超过20%。

本例中,甲公司按照期望值估计可变对价的金额,因为该方法能够更好地预测其有权获得的对价金额。甲公司估计的交易价格为80 000元[100×(1-20%)×1 000]。同时,甲公司还需考虑有关将可变对价计入交易价格的限制要求,以确定能否将估计的可变对价金额80 000元计入交易价格。根据其销售此类产品的历史经验、所取得的当前市场信息以及对当前市场的估计,甲公司预计,尽管存在某些不确定性,但是该产品的价格将可在短期内确定。因此,甲公司认为,在不确定性消除(即,折扣的总金额最终确定)时,已确认的累计收入金额80 000元极可能不会发生重大转回。因此,甲公司应当于2×18年12月1日将产品控制权转移给乙公司时,确认收入80 000元。

【例30】 沿用〖例29〗,甲公司虽然有销售类似产品的经验。但是,甲公司的产品较易过时,且产品定价波动性很大。根据以往经验,甲公司针对同类产品给予客户的折扣范围较广(约为销售价格的20%~60%不等)。根据当前市场情况,降价幅度需要达到15%~50%,才能有效地提高该产品周转率。

本例中,甲公司按照期望值估计可变对价的金额,因为该方法能够更好地预测其有权获得的对价金额。甲公司采用期望值法估计将提供40%的折扣,因此估计的交易价格为60 000元[100×(1-40%)×1 000]。同时,甲公司还需考虑有关将可变对价计入交易价格的限制要求,以确定能否将估计的可变对价金额60 000元计入交易价格。由于甲公司的产品价格极易受到超出甲公司影响范围之外的因素(即,产品陈旧过时)的影响,并且为了提高该产品的周转率,甲公司可能需要提供的折扣范围也较广,因此,甲公司不能将该 60 000 元（即，提供 40% 折扣之后的价格）计入交易价格，这是因为，将该金额计入交易价格不满足已确认的累计收入金额极可能不会发生重大转回的条件。

但是，根据当前市场情况，降价幅度达到 15%~50%，能够有效地提高该产品周转率，在以往的类似交易中，甲公司实际的降价幅度与当时市场信息基本一致。在这种情况下，尽管甲公司以往提供的折扣范围为 20%~60%，但是，甲公司认为，如果将 50 000 元（即，提供 50% 折扣之后的价格）计入交易价格，已确认的累计收入金额极可能不会发生重大转回。因此，甲公司应当于 2×18 年 12 月 1 日将产品控制权转移给乙公司时，确认 50 000 元的收入，并在不确定性消除之前的每一资产负债表日重新评估该交易价格的金额。

【例 31】2×18 年 1 月 1 日，甲公司与乙公司签订合同，向其销售 A 产品。合同约定，当乙公司在 2×18 年的采购量不超过 2 000 件时，每件产品的价格为 80 元，当乙公司在 2×18 年的采购量超过 2 000 件时，每件产品的价格为 70 元。乙公司在第一季度的采购量为 150 件，甲公司预计乙公司全年的采购量不会超过 2 000 件。2×18 年 4 月，乙公司因完成产能升级而增加了原材料的采购量，第二季度共向甲公司采购 A 产品 1 000 件，甲公司预计乙公司全年的采购量将超过 2 000 件，因此，全年采购量适用的产品单价均将调整为 70 元。

本例中，2×18 年第一季度，甲公司根据以往经验估计乙公司全年的采购量将不会超过 2 000 件，甲公司按照 80 元的单价确认收入，满足在不确定性消除之后（即乙公司全年的采购量确定之后），累计已确认的收入将极可能不会发生重大转回的要求，因此，甲公司在第一季度确认的收入金额为 12 000 元（80×150）。2×18 年第二季度，甲公司对交易价格进行重新估计，由于预计乙公司全年的采购量将超过 2 000 件，按照 70 元的单价确认收入，才满足极可能不会导致累计已确认的收入发生重大转回的要求。因此，甲公司在第二季度确认收入 68 500 元 [70×(1 000+150)-12 000]。

【例32】2×18 年 10 月 1 日，甲公司签订合同，为一只股票型基金提供资产管理服务，合同期限为 3 年。甲公司所能获得的报酬包括两部分：一是每季度按照本季度末该基金净值的 1% 收取管理费，该管理费不会因基金净值的后续变化而调整或被要求退回；二是该基金在 3 年内的累计回报如果超过 10%，则乙公司可以获得超额回报部分的 20% 作为业绩奖励。2×18 年 12 月 31 日，该基金的净值为 5 亿元。假定不考虑相关税费影响。

本例中，甲公司在该项合同中收取的管理费和业绩奖励均为可变对价，其金额极易受到股票价格波动的影响，这是在甲公司影响范围之外的，虽然甲公司以往有类似合同的经验，但是，该经验在确定未来市场表现方面并不具有预测价值。因此，在合同开始日，甲公司无法对其能够收取的管理费和业绩奖励进行估计，也就是说，如果将估计的某一金额的管理费或业绩奖励计入交易价格，将不满足累计已确认的收入金额极可能不会发生重大转回的要求。

2×18 年 12 月 31 日，甲公司重新估计该合同的交易价格，影响本季度管理费收入金额的不确定性已经消除，甲公司确认管理费收入 500 万元（5 亿×1%）。甲公司未确认业绩奖励收入，这是因为，该业绩奖励仍然会受到基金未来累计回报的影响，难以满足将可变对价计入交易价格的限制条件。在后续的每一资产负债表日，甲公司应当重新估计交易价格是否满足将可变对价计入交易价格的限制条件，以确定其收入金额。

2. 合同中存在重大融资成分。

当企业将商品的控制权转移给客户的时间与客户实际付款的时间不一致时，如企业以赊销的方式销售商品，或者要求客户支付预付款等，如果各方以在合同中明确（或者以隐含的方式）约定的付款时间为客户或企业就转让商品的交易提供了重大融资利益，则合同中即包含了重大融资成分，企业在确定交易价格时，应当对已承诺的对价金额作出调整，以剔除货币时间价值的影响。

合同中存在重大融资成分的，企业应当按照假定客户在取得商品控制权时即以现金支付的应付金额（即，现销价格）确定交易价格。在评估合同中是否存在融资成分以及该融资成分对于该合同而言是否重大时，企业应当考虑所有相关的事实和情况，包括：一是已承诺的对价金额与已承诺商品的现销价格之间的差额，如果企业（或其他企业）在销售相同商品时，不同的付款时间会导致销售价格有所差别，则通常表明各方知晓合同中包含了融资成分。二是企业将承诺的商品转让给客户与客户支付相关款项之间的预计时间间隔和相应的市场现行利率的共同影响，尽管向客户转让商品与客户支付相关款项之间的时间间隔并非决定性因素，但是，该时间间隔与现行利率两者的共同影响可能提供了是否存在重大融资利益的明显迹象。

企业向客户转让商品与客户支付相关款项之间存在时间间隔并不足以表明合同包含重大融资成分。企业向客户转让商品与客户支付相关款项之间虽然存在时间间隔，但两者之间的合同没有包含重大融资成分的情形有：一是客户就商品支付了预付款，且可以自行决定这些商品的转让时间。例如，企业向客户出售其发行的储值卡，客户可随时到该企业持卡购物；再如，企业向客户授予奖励积分，客户可随时到该企业兑换这些积分等。二是客户承诺支付的对价中有相当大的部分是可变的，该对价金额或付款时间取决于某一未来事项是否发生，且该事项实质上不受客户或企业控制。例如，按照实际销售量收取的特许权使用费。三是合同承诺的对价金额与现销价格之间的差额是由于向客户或企业提供融资利益以外的其他原因所导致的，且这一差额与产生该差额的原因是相称的。例如，合同约定的支付条款是为了向企业或客户提供保护，以防止另一方未能依照合同充分履行其部分或全部义务。

【例33】2×18年1月，甲公司与乙公司签订了一项施工总承包合同。合同约定的工期为30个月，工程造价为8亿元（不含税价）。甲乙双方每季度进行一次工程结算，并于完工时进行竣工结算，每次工程结算额（除质保金及相应的增值税外）由客户于工程结算后5个工作日内支付；除质保金外的工程尾款于竣工结算后10个工作日内支付；合同金额的3%作为质保金，用以保证项目在竣工后2年内正常运行，在质保期满后5个工作日内支付。

本例中，乙公司保留了3%的质保金直到项目竣工2年后支付，虽然服务完成时间与乙公司付款的时间间隔较长，但是，该质保金旨在为乙公司提供工程质量保证，以防甲公司未能完成其合同义务，而并非向乙公司提供融资。因此，甲公司认为该合同中不包含重大融资成分，无需就延期支付质保金的影响调整交易价格。

需要说明的是，企业应当在单个合同层面考虑融资成分是否重大，而不应在合同组合层面考虑这些合同中的融资成分的汇总影响对企业整体而言是否重大。

合同中存在重大融资成分的，企业在确定该重大融资成分的金额时，应使用将合同对价的名义金额折现为商品现销价格的折现率。该折现率一经确定，不得因后续市场利率或客户信用风险等情况的变化而变更。企业确定的交易价格与合同承诺的对价金额之间的差额，应当在合同期间内采用实际利率法摊销。

【例34】2×18年1月1日，甲公司与乙公司签订合同，向其销售一批产品。合同约定，该批产品将于2年之后交货。合同中包含两种可供选择的付款方式，即乙公司可以在2年后交付产品时支付449.44万元，或者在合同签订时支付400万元。乙公司选择在合同签订时支付货款。该批产品的控制权在交货时转移。甲公司于2×18

年1月1日收到乙公司支付的货款。上述价格均不包含增值税,且假定不考虑相关税费影响。

本例中,按照上述两种付款方式计算的内含利率为6%。考虑到乙公司付款时间和产品交付时间之间的间隔以及现行市场利率水平,甲公司认为该合同包含重大融资成分,在确定交易价格时,应当对合同承诺的对价金额进行调整,以反映该重大融资成分的影响。假定该融资费用不符合借款费用资本化的要求。甲公司的账务处理为:

(1) 2×18年1月1日收到货款。

借:银行存款　　　　　　　　　　　　　4 000 000
　　未确认融资费用　　　　　　　　　　　494 400
　　贷:合同负债　　　　　　　　　　　　　　4 494 400

(2) 2×18年12月31日确认融资成分的影响。

借:财务费用　　　240 000(4 000 000×6%)
　　贷:未确认融资费用　　　　　　　　　　240 000

(3) 2×19年12月31日交付产品。

借:财务费用　　　254 400(4 240 000×6%)
　　贷:未确认融资费用　　　　　　　　　　254 400
借:合同负债　　　　　　　　　　　　　4 494 400
　　贷:主营业务收入　　　　　　　　　　　4 494 400

为简化实务操作,如果在合同开始日,企业预计客户取得商品控制权与客户支付价款间隔不超过一年的,可以不考虑合同中存在的重大融资成分。企业应当对类似情形下的类似合同一致地应用这一简化处理方法。

企业在编制利润表时,应当将合同中存在的重大融资成分的影响(即,利息收入和利息支出)与按照本准则确认的收入区分开来,分别列示。企业在按照本准则对与客户的合同进行会计处理时,只有在确认了合同资产（或应收款项）和合同负债时，才应当分别确认相应的利息收入和利息支出。

3. 非现金对价。

当企业因转让商品而有权向客户收取的对价是非现金形式时，如实物资产、无形资产、股权、客户提供的广告服务等。企业通常应当按照非现金对价在合同开始日的公允价值确定交易价格。非现金对价公允价值不能合理估计的，企业应当参照其承诺向客户转让商品的单独售价间接确定交易价格。

非现金对价的公允价值可能会因对价的形式而发生变动（例如，企业有权向客户收取的对价是股票，股票本身的价格会发生变动），也可能会因为其形式以外的原因而发生变动（例如，企业有权收取非现金对价的公允价值因企业的履约情况而发生变动）。合同开始日后，非现金对价的公允价值因对价形式以外的原因而发生变动的，应当作为可变对价，按照与计入交易价格的可变对价金额的限制条件相关的规定进行处理；合同开始日后，非现金对价的公允价值因对价形式而发生变动的，该变动金额不应计入交易价格。

【例35】甲企业为客户生产一台专用设备。双方约定，如果甲企业能够在30天内交货，则可以额外获得100股客户的股票作为奖励。合同开始日，该股票的价格为每股5元；由于缺乏执行类似合同的经验，当日，甲企业估计，该100股股票的公允价值计入交易价格将不满足累计已确认的收入极可能不会发生重大转回的限制条件。合同开始日之后的第25天，企业将该设备交付给客户，从而获得了100股股票，该股票在此时的价格为每股6元。假定企业将该股票作为以公允价值计量且其变动计入当期损益的金融资产。

本例中，合同开始日，该股票的价格为每股5元，由于缺乏执行类似合同的经验，当日，甲企业估计，该100股股票的公允价值计入交易价格将不满足累计已确认的收入极可能不会发生重大转回的限制条件,因此,甲企业不应将该100股股票的公允价值500元计入交易价格。合同开始日之后的第25天,甲企业获得了100股股票,该股票在此时的价格为每股6元。甲企业应当将股票(非现金对价)的公允价值因对价形式以外的原因而发生的变动,即500元(5×100)确认为收入,因对价形式原因而发生的变动,即100元(600-500)计入公允价值变动损益。

企业在向客户转让商品的同时,如果客户向企业投入材料、设备或人工等商品,以协助企业履行合同,企业应当评估其是否取得了对这些商品的控制权,取得这些商品控制权的,企业应当将这些商品作为从客户收取的非现金对价进行会计处理。

4. 应付客户对价。

企业在向客户转让商品的同时,需要向客户或第三方支付对价的,应当将该应付对价冲减交易价格,但应付客户对价是为了自客户取得其他可明确区分商品的除外。这里的应付客户对价还包括可以抵减应付企业金额的相关项目金额,如优惠券、兑换券等。这里的第三方通常指向企业的客户购买本企业商品的一方,即处于企业分销链上的"客户的客户",例如,企业将其生产的产品销售给经销商,经销商再将这些产品销售给最终用户,最终用户即是第三方。有时,企业需要向其支付款项的第三方是本企业客户的客户,但处于企业分销链之外,如果企业认为该第三方也是本企业的客户,或者根据企业与其客户的合同约定,企业有义务向该第三方支付款项,则企业向该第三方支付的款项也应被视为应付客户对价进行会计处理。应付客户对价中包含可变金额的,企业应当根据本准则有关可变对价的相关规定对其进行估计。

企业应付客户对价是为了自客户取得其他可明确区分商品的,应当采用与企业其他采购相一致的方式确认所购买的商品。企业应付客户对价超过自客户取得的可明确区分商品公允价值的,超过金额应当作为应付客户对价冲减交易价格。自客户取得的可明确区分商品公允价值不能合理估计的，企业应当将应付客户对价全额冲减交易价格。

在对应付客户对价冲减交易价格进行会计处理时，企业应当在确认相关收入与支付（或承诺支付）客户对价二者孰晚的时点冲减当期收入。

（二）将交易价格分摊至各单项履约义务

当合同中包含两项或多项履约义务时，需要将交易价格分摊至各单项履约义务，以使企业分摊至各单项履约义务（或可明确区分的商品）的交易价格能够反映其因向客户转让已承诺的相关商品而预期有权收取的对价金额。

1. 分摊的一般原则。

合同中包含两项或多项履约义务的，企业应当在合同开始日，按照各单项履约义务所承诺商品的单独售价的相对比例，将交易价格分摊至各单项履约义务。

【例36】甲公司与客户签订合同，向其销售A、B、C三件产品，合同价款为10 000元。A、B、C产品的单独售价分别为5 000元、2 500元和7 500元，合计15 000元。上述价格均不包含增值税。

本例中，根据上述交易价格分摊原则，A产品应当分摊的交易价格为3 333元（5 000÷15 000×10 000），B产品应当分摊的交易价格为1 667元（2 500÷15 000×10 000），C产品应当分摊的交易价格为5 000元（7 500÷15 000×10 000）。

单独售价，是指企业向客户单独销售商品的价格。企业在类似环境下向类似客户单独销售某商品的价格，应作为确定该商品单独售价的最佳证据。合同或价目表上的标价可能是商品的单独售价，但不能默认其一定是该商品的单独售价。例如，企业为其销售的产品制定了标准价格，但是，在实务中经常以低于该标准价格的折扣价格对外销售，此时，企业在估计该产品的单独售价时，应当考虑这一因素。

单独售价无法直接观察的，企业应当综合考虑其能够合理取得的全部相关信息，采用市场调整法、成本加成法、余值法等方法合理估计单独售价，应考虑的信息包括市场情况（如，商品的市场供求状况、竞争、限制和趋势等）、企业特定因素（如，企业的定价策略和实务操作安排等）以及与客户有关的信息（如，客户类型、所在地区和分销渠道等）等；企业应当最大限度地采用可观察的输入值，并对类似的情况采用一致的估计方法。

市场调整法，是指企业根据某商品或类似商品的市场售价，考虑本企业的成本和毛利等进行适当调整后的金额，确定其单独售价的方法。企业可以对其销售商品的市场进行评估，进而估计客户在该市场上购买本企业的商品所愿意支付的价格，也可以参考其竞争对手销售类似商品的价格，并在此基础上进行必要调整以反映本企业的成本及毛利。

成本加成法，是指企业根据某商品的预计成本加上其合理毛利后的金额，确定其单独售价的方法。其中，预计成本应当与企业在定价时通常会考虑的成本因素一致，既包括直接成本，也包括间接成本；企业在确定合理毛利时，应当考虑的因素包括类似商品单独售价的毛利水平、行业内的历史毛利水平、行业平均售价、市场情况以及企业的利润目标等。

余值法，是指企业根据合同交易价格减去合同中其他商品可观察单独售价后的余额，确定某商品单独售价的方法。企业在商品近期售价波动幅度巨大，或者因未定价且未曾单独销售而使售价无法可靠确定时，可采用余值法估计其单独售价。其中，售价波动幅度巨大，是指企业在相同或相近的时间向不同客户出售同一种商品时的价格差异很大，因而导致企业无法从以往的交易或其他可观察的证据中识别出具有代表性的单独售价；未定价且未曾单独销售，是指企业尚未对该商品进行定价，且该商品过往未曾单独出售过，即销售价格尚未确定。例如，企业以10万元的价格向客户销售A、B、C三件可明确区分的商品，其中，A商品和B商品经常单独对外销售，销售价格分别为2.5万元和4.5万元，C商品为新产品，企业尚未对其定价且未曾单独销售，市场上也无类似商品出售，在这种情况下，企业采用余值法估计C商品的单独售价为3万元，即合同价格10万元减去A商品和B商品的单独售价之和7万元（2.5＋4.5）后的余额。

如果合同中存在两项或两项以上的商品，其销售价格变动幅度较大或尚未确定，企业可能需要采用多种方法相结合的方式，对合同所承诺的商品的单独售价进行估计。例如，企业可能采用余值法估计销售价格变动幅度较大或尚未确定的多项可明确区分商品的单独售价总和，然后再采用其他方法估计其中包含的每一项可明确区分商品的单独售价。企业采用多种方法相结合的方式估计合同所承诺的每一项商品的单独售价时，应当评估该方式是否满足交易价格分摊的目标，即，企业分摊至各单项履约义务（或可明确区分的商品）的交易价格能够反映其因向客户转让已承诺的相关商品而预期有权收取的对价金额。例如，当企业采用余值法估计确定的某单项履约义务的单独售价为零或仅为很小的金额时，企业应当评估该结果是否恰当，这是因为合同中包含的可明确区分商品对于客户而言都应该是有一定价值的。

2. 分摊合同折扣。

当客户购买的一组商品中所包含的各单项商品的单独售价之和高于合同交易价格时，表明客户因购买该组商品而取得了合同折扣。合同折扣，是指合同中各单项履约义务所承诺商品的单独售价之和高于合同交易价格的金额。企业应当在各单项履约义务之间按比例分摊合同折扣。有确凿证据表明合同折扣仅与合同中一项或多项（而非全部）履约义务相关的，企业应当将该合同折扣分摊至相关的一项或多项履约义务。

同时满足下列三项条件时，企业应当将合同折扣全部分摊至合同中的一项或多项（而非全部）履约义务：一是企业经常将该合同中的各项可明确区分商品单独销售或者以组合的方式单独销售；二是企业也经常将其中部分可明确区分的商品以组合的方式按折扣价格单独销售；三是归属于上述第二项中每一组合的商品的折扣与该合同中的折扣基本相同，且针对每一组合中的商品的分析为将该合同的整体折扣归属于某一项或多项履约义务提供了可观察的证据。

【例37】甲公司与客户签订合同，向其销售A、B、C三种产品，合同总价款为120万元，这三种产品构成三项履约义务。企业经常以50万元单独出售A产品，其单独售价可直接观察；B产品和C产品的单独售价不可直接观察，企业采用市场调整法估计的B产品单独售价为25万元，采用成本加成法估计的C产品单独售价为75万元。甲公司通常以50万元的价格单独销售A产品，并将B产品和C产品组合在一起以70万元的价格销售。上述价格均不包含增值税。

本例中，三种产品的单独售价合计为150万元，而该合同的价格为120万元，该合同的整体折扣为30万元。由于甲公司经常将B产品和C产品组合在一起以70万元的价格销售，该价格与其单独售价之和（100万元）的差额为30万元，与该合同的整体折扣一致，而A产品单独销售的价格与其单独售价一致，证明该合同的整体折扣仅应归属于B产品和C产品。因此，在该合同下，分摊至A产品的交易价格为50万元，分摊至B产品和C产品的交易价格合计为70万元，甲公司应当进一步按照B产品和C产品的单独售价的相对比例将该价格在二者之间进行分摊：B产品应分摊的交易价格为17.5万元（25÷100×70），C产品应分摊的交易价格为52.5万元（75÷100×70）。

有确凿证据表明，合同折扣仅与合同中的一项或多项（而非全部）履约义务相关，且企业采用余值法估计单独售价的，应当首先在该一项或多项（而非全部）履约义务之间分摊合同折扣，然后再采用余值法估计单独售价。

【例38】 沿用〖例37〗，A、B、C产品的单独售价均不变，合计为150万元，B、C产品组合销售的折扣仍为30万元。但是，合同总价款为160万元，甲公司与该客户签订的合同中还包括销售D产品。D产品的价格波动巨大，甲公司向不同的客户单独销售D产品的价格在20万元至60万元之间。

本例中，由于D产品价格波动巨大，甲公司计划用余值法估计其单独售价。由于合同折扣30万元仅与B、C产品有关，因此，甲公司首先应当在B、C产品之间分摊合同折扣。A、B和C产品在分摊了合同折扣之后的单独售价分别为50万元、17.5万元和52.5万元，合计为120万元。然后，甲公司采用余值法估计D产品的单独售价为40万元（160－120），该金额在甲公司以往单独销售D产品的价格区间之内，表明该分摊结果符合分摊交易价格的目标，即该金额能够反映甲公司因转让D产品而预期有权收取的对价金额。

假定合同总价款不是160万元，而是125万元时，甲公司采用余值法估计的D产品的单独售价仅为5万元（125－120），该金额在甲公司过往单独销售D产品的价格区间之外，表明该分摊结果可能不符合分摊交易价格的目标，即该金额不能反映甲公司因转让D产品而预期有权收取的对价金额。在这种情况下，用余值法估计D产品的单独售价可能是不恰当的，甲公司应当考虑采用其他的方法估计D产品的单独售价。

3. 分摊可变对价。

合同中包含可变对价的,该可变对价可能与整个合同相关,也可能仅与合同中的某一特定组成部分有关,后者包括两种情形:一是可变对价可能与合同中的一项或多项(而非全部)履约义务有关,例如,是否获得奖金取决于企业能否在指定时期内转让某项已承诺的商品。二是可变对价可能与企业向客户转让的构成单项履约义务的一系列可明确区分商品中的一项或多项(而非全部)商品有关,例如,为期两年的保洁服务合同中,第二年的服务价格将根据指定的通货膨胀率确定。

同时满足下列两项条件的,企业应当将可变对价及可变对价的后续变动额全部分摊至与之相关的某项履约义务,或者构成单项履约义务的一系列可明确区分商品中的某项商品:一是可变对价的条款专门针对企业为履行该项履约义务或转让该项可明确区分商品所作的努力(或者是履行该项履约义务或转让该项可明确区分商品所导致的特定结果);二是企业在考虑了合同中的全部履约义务及支付条款后,将合同对价中的可变金额全部分摊至该项履约义务或该项可明确区分商品符合分摊交易价格的目标。对于不满足上述条件的可变对价及可变对价的后续变动额,以及可变对价及其后续变动额中未满足上述条件的剩余部分,企业应当按照分摊交易价格的一般原则,将其分摊至合同中的各单项履约义务。对于已履行的履约义务,其分摊的可变对价后续变动额应当调整变动当期的收入。

【例39】甲公司与乙公司签订合同,将其拥有的两项专利技术 X 和 Y 授权给乙公司使用。假定两项授权均分别构成单项履约义务,且都属于在某一时点履行的履约义务。合同约定,授权使用专利技术 X 的价格为80万元,授权使用专利技术 Y 的价格为乙公司使用该专利技术所生产的产品销售额的3%。专利技术 X 和 Y 的单独售价分别为80万元和100万元。甲公司估计其就授权使用专利技术 Y 而有权收取的特许权使用费为 100 万元。上述价格均不包含增值税。

本例中，该合同中包含固定对价和可变对价，其中，授权使用专利技术 X 的价格为固定对价，且与其单独售价一致，授权使用专利技术 Y 的价格为乙公司使用该专利技术所生产的产品销售额的 3%，属于可变对价，该可变对价全部与授权使用专利技术 Y 能够收取的对价有关，且甲公司基于实际销售情况估计收取的特许权使用费的金额接近 Y 的单独售价。因此，甲公司将可变对价部分的特许权使用费金额全部由 Y 承担符合交易价格的分摊目标。

4. 交易价格的后续变动。

合同开始日之后，由于相关不确定性的消除或环境的其他变化等原因，交易价格可能会发生变化，从而导致企业因向客户转让商品而预期有权收取的对价金额发生变化。交易价格发生后续变动的，企业应当按照在合同开始日所采用的基础将该后续变动金额分摊至合同中的履约义务。企业不得因合同开始日之后单独售价的变动而重新分摊交易价格。

对于合同变更导致的交易价格后续变动，应当按照本准则有关合同变更的规定进行会计处理。合同变更之后发生可变对价后续变动的，企业应当区分下列三种情形分别进行会计处理：一是合同变更属于本准则第八条（一）规定情形的，企业应当判断可变对价后续变动与哪一项合同相关，并按照分摊可变对价的相关规定进行会计处理。二是合同变更属于本准则第八条（二）规定情形，且可变对价后续变动与合同变更前已承诺可变对价相关的，企业应当首先将该可变对价后续变动额以原合同开始日确定的单独售价为基础进行分摊，然后再将分摊至合同变更日尚未履行履约义务的该可变对价后续变动额以新合同开始日确定的基础进行二次分摊。三是合同变更之后发生除上述第（一）和（二）种情形以外的可变对价后续变动的，企业应当将该可变对价后续变动额分摊至合同变更日尚未履行（或部分未履行）的履约义务。

【**例40**】2×18年9月1日，甲公司与乙公司签订合同，向其销售A产品和B产品。A产品和B产品均为可明确区分商品且两种产品单独售价相同，也均属于在某一时点履行的履约义务。合同约定，A产品和B产品分别于2×18年11月1日和2×19年3月31日交付给乙公司。合同约定的对价包括1 000元的固定对价和估计金额为200元的可变对价。假定甲公司将200元的可变对价计入交易价格，满足本准则有关将可变对价金额计入交易价格的限制条件。因此，该合同的交易价格为1 200元。上述价格均不包含增值税。

2×18年12月1日，双方对合同范围进行了变更，乙公司向甲公司额外采购C产品，合同价格增加300元，C产品与A、B两种产品可明确区分，但该增加的价格不反映C产品的单独售价。C产品的单独售价与A产品和B产品相同。C产品将于2×19年6月30日交付给乙公司。

2×18年12月31日，企业预计有权收取的可变对价的估计金额由200元变更为240元，该金额符合将可变对价金额计入交易价格的限制条件。因此，合同的交易价格增加了40元，且甲公司认为该增加额与合同变更前已承诺的可变对价相关。

假定上述三种产品的控制权均随产品交付而转移给乙公司。

本例中，在合同开始日，该合同包含两项履约义务，甲公司应当将估计的交易价格分摊至这两项履约义务。由于两种产品的单独售价相同，且可变对价不符合分摊至其中一项履约义务的条件，因此，甲公司将交易价格1 200元平均分摊至A产品和B产品，即A产品和B产品各自分摊的交易价格均为600元。

2×18年11月1日，当A产品交付给客户时，甲公司相应确认收入600元。

2×18年12月1日，双方进行了合同变更。该合同变更属于本准则第八条规定的第（二）种情形，因此该合同变更应当作为原合同终止，并将原合同的未履约部分与合同变更部分合并为新合同进行会计处理。在该新合同下，合同的交易价格为900元（600+300），由于B产品和C产品的单独售价相同，分摊至B产品和C产品的交易价格的金额均为450元。

2×18年12月31日，甲公司重新估计可变对价，增加了交易价格40元。由于该增加额与合同变更前已承诺的可变对价相关，因此应首先将该增加额分摊给A产品和B产品，之后再将分摊给B产品的部分在B产品和C产品形成的新合同中进行二次分摊。在本例中，由于A、B和C产品的单独售价相同，在将40元的可变对价后续变动分摊至A产品和B产品时，各自分摊的金额为20元。由于甲公司已经转让了A产品，在交易价格发生变动的当期即应将分摊至A产品的20元确认为收入。之后，甲公司将分摊至B产品的20元平均分摊至B产品和C产品，即各自分摊的金额为10元，经过上述分摊后，B产品和C产品的交易价格金额均为460元（450+10）。因此，甲公司分别在B产品和C产品控制权转移时确认收入460元。

六、关于合同成本

(一) 合同履约成本

企业为履行合同可能会发生各种成本,企业应当对这些成本进行分析,属于其他企业会计准则(例如,《企业会计准则第 1 号——存货》《企业会计准则第 4 号——固定资产》以及《企业会计准则第 6 号——无形资产》等)规范范围的,应当按照相关企业会计准则进行会计处理;不属于其他企业会计准则规范范围且同时满足下列条件的,应当作为合同履约成本确认为一项资产。

1. 该成本与一份当前或预期取得的合同直接相关。

预期取得的合同应当是企业能够明确识别的合同,例如,现有合同续约后的合同、尚未获得批准的特定合同等。与合同直接相关的成本包括直接人工(例如,支付给直接为客户提供所承诺服务的人员的工资、奖金等)、直接材料(例如,为履行合同耗用的原材料、辅助材料、构配件、零件、半成品的成本和周转材料的摊销及租赁费用等)、制造费用(或类似费用,例如,组织和管理相关生产、施工、服务等活动发生的费用,包括管理人员的职工薪酬、劳动保护费、固定资产折旧费及修理费、物料消耗、取暖费、水电费、办公费、差旅费、财产保险费、工程保修费、排污费、临时设施摊销费等)、明确由客户承担的成本以及仅因该合同而发生的其他成本(例如,支付给分包商的成本、机械使用费、设计和技术援助费用、施工现场二次搬运费、生产工具和用具使用费、检验试验费、工程定位复测费、工程点交费用、场地清理费等)。

2. 该成本增加了企业未来用于履行(包括持续履行)履约义务的资源。

3. 该成本预期能够收回。

企业应当在下列支出发生时，将其计入当期损益：一是管理费用，除非这些费用明确由客户承担。二是非正常消耗的直接材料、直接人工和制造费用（或类似费用），这些支出为履行合同发生，但未反映在合同价格中。三是与履约义务中已履行（包括已全部履行或部分履行）部分相关的支出，即该支出与企业过去的履约活动相关。四是无法在尚未履行的与已履行（或已部分履行）的履约义务之间区分的相关支出。

【例41】甲公司与乙公司签订合同，为乙公司信息中心提供管理服务，合同期限为5年。在向乙公司提供服务之前，甲公司设计并搭建了一个信息技术平台供其内部使用，该信息技术平台由相关的硬件和软件组成。甲公司需要提供设计方案，将该信息技术平台与乙公司现有的信息系统对接，并进行相关测试。该平台并不会转让给乙公司，但是，将用于向乙公司提供服务。甲公司为该平台的设计、购买硬件和软件以及信息中心的测试发生了成本。除此之外，甲公司专门指派两名员工，负责向乙公司提供服务。

本例中，甲公司为履行合同发生的上述成本中，购买硬件和软件的成本应当分别按照固定资产和无形资产准则进行会计处理；设计服务成本和信息中心的测试成本不属于其他企业会计准则的规范范围，但是这些成本与履行该合同直接相关，并且增加了甲公司未来用于履行履约义务（即提供管理服务）的资源，如果甲公司预期该成本可通过未来提供服务收取的对价收回，则甲公司应当将这些成本确认为一项资产。甲公司向两名负责该项目的员工支付的工资费用，虽然与向乙公司提供服务有关，但是由于其并未增加企业未来用于履行履约义务的资源，因此，应当于发生时计入当期损益。

（二）合同取得成本

企业为取得合同发生的增量成本预期能够收回的，应当作为合同取得成本确认为一项资产。增量成本，是指企业不取得合同就不会发生的成本，如销售佣金等。为简化实务操作，该资产摊销期限不超过一年的，可以在发生时计入当期损益。企业采用该简化处理方法的，应当对所有类似合同一致采用。

企业为取得合同发生的、除预期能够收回的增量成本之外的其他支出，例如，无论是否取得合同均会发生的差旅费、投标费、为准备投标资料发生的相关费用等，应当在发生时计入当期损益，除非这些支出明确由客户承担。

【例42】甲公司是一家咨询公司，其通过竞标赢得一个新客户，为取得与该客户的合同，甲公司聘请外部律师进行尽职调查支付相关费用为15 000元，为投标而发生的差旅费为10 000元，支付销售人员佣金5 000元。甲公司预期这些支出未来均能够收回。此外，甲公司根据其年度销售目标、整体盈利情况及个人业绩等，向销售部门经理支付年度奖金10 000元。

本例中，甲公司因签订该客户合同而向销售人员支付的佣金属于为取得合同发生的增量成本，应当将其作为合同取得成本确认为一项资产。甲公司聘请外部律师进行尽职调查发生的支出、为投标发生的差旅费，无论是否取得合同都会发生，不属于增量成本，因此，应当于发生时直接计入当期损益。甲公司向销售部门经理支付的年度奖金也不是为取得合同发生的增量成本，这是因为该奖金发放与否以及发放金额还取决于其他因素（包括公司的盈利情况和个人业绩），并不能直接归属于可识别的合同。

企业因现有合同续约或发生合同变更需要支付的额外佣金，也属于为取得合同发生的增量成本。实务中，当涉及合同取得成本的安排比较复杂时，企业需要运用判断，对发生的合同取得成本进行恰当的会计处理，例如，合同续约或合同变更时需要支付额外的佣金、企业支付的佣金金额取决于客户未来的履约情况或者取决于累计取得的合同数量或金额等。

【例43】根据甲公司的相关政策,销售部门的员工每取得一份新的合同,可以获得提成100元,现有合同每续约一次,员工可以获得提成60元。甲公司预期上述提成均能够收回。

本例中,甲公司为取得新合同支付给员工的提成100元,属于为取得合同发生的增量成本,且预期能够收回,因此,应当确认为一项资产。同样地,甲公司为现有合同续约支付给员工的提成60元,也属于为取得合同发生的增量成本,这是因为如果不发生合同续约,就不会支付相应的提成,由于该提成预期能够收回,甲公司应当在每次续约时将应支付的相关提成确认为一项资产。

假定:除上述规定外,甲公司相关政策规定,当合同变更时,如果客户在原合同的基础上,向甲公司支付额外的对价以购买额外的商品,则甲公司需根据该新增的合同金额向销售人员支付一定的提成。在这种情况下,无论相关合同变更属于本准则第八条规定的哪一种情形,甲公司均应当将应支付的提成视同为取得合同(变更后的合同)发生的增量成本进行会计处理。

为取得合同需要支付的佣金在履行合同的过程中分期支付、且客户违约时企业无需支付剩余佣金的,如果该合同在合同开始日即满足本准则第五条规定的五项条件,该佣金预期能够从客户支付的对价中获得补偿,且取得合同后,收取佣金的一方不再为企业提供任何相关服务,则企业应当将应支付的佣金全额作为合同取得成本确认为一项资产。后续期间,如果客户的履约情况发生变化,企业应当评估该合同是否仍然满足本准则第五条规定的五项条件以及确认为资产的合同取得成本是否发生减值,并进行相应的会计处理。这一处理也同样适用于客户违约可能导致企业收回已经支付的佣金的情况。当企业发生的合同取得成本与多份合同相关(例如,企业支付的佣金取决于累计取得的合同数量或金额)时,情况可能更为复杂,企业应当根据实际情况进行判断,并进行相应的会计处理。

(三) 摊销和减值

1. 摊销。

根据上述(一)和(二)确认的与合同履约成本和合同取得成本有关的企业资产(以下简称"与合同成本有关的资产"),应当采用与该资产相关的商品收入确认相同的基础(即,在履约义务履行的时点或按照履约义务的履约进度)进行摊销,计入当期损益。

在确定与合同成本有关的资产的摊销期限和方式时,如果该资产与一份预期将要取得的合同(如续约后的合同)相关,则在确定相关摊销期限和方式时,应当考虑该将要取得的合同的影响。但是,对于合同取得成本而言,如果合同续约时,企业仍需要支付与取得原合同相当的佣金,这表明取得原合同时支付的佣金与未来预期取得的合同无关,该佣金只能在原合同的期限内进行摊销。企业为合同续约仍需支付的佣金是否与原合同相当,需要根据具体情况进行判断。例如,如果两份合同的佣金按照各自合同金额的相同比例计算,通常表明这两份合同的佣金水平是相当的,但是,实务中,与取得原合同相比,现有合同续约的难度可能较低,因此,即使合同续约时应支付的佣金低于取得原合同的佣金,也可能表明这两份合同的佣金水平是相当的。

某些情况下,企业将为取得某份合同发生的增量成本确认为一项资产,但是该合同中包含多项履约义务,且这些履约义务在不同的时点或时段内履行。在确定该项资产的摊销方式时,企业可以基于各项履约义务分摊的交易价格的相对比例,将该项资产分摊至各项履约义务,再以与该履约义务(可明确区分的商品)的收入确认相同的基础进行摊销;或者,企业可以考虑合同中包含的所有履约义务,采用恰当的方法确定合同的完成情况,即,应当最能反映该资产随相关商品的转移而被"耗用"的情况,并以此为基础对该资产进行摊销。通常情况下,上述两种方法的结果可能是近似的,但是,后者无需将合同取得成本特别分摊至合同中的各项履约义务。

企业应当根据向客户转让与上述资产相关的商品的预期时间变化,对资产的摊销情况进行复核并更新,以反映该预期时间的重大变化。此类变化应当作为会计估计变更,按照《企业会计准则第28号——会计政策、会计估计变更和差错更正》进行会计处理。

2. 减值。

与合同成本有关的资产,其账面价值高于下列第一项减去第二项的差额的,超出部分应当计提减值准备,并确认为资产减值损失:一是企业因转让与该资产相关的商品预期能够取得的剩余对价;二是为转让该相关商品估计将要发生的成本。这里,企业应当按照确定交易价格的原则(关于可变对价估计的限制要求除外)预计其能够取得的剩余对价。估计将要发生的成本主要包括直接人工、直接材料、制造费用(或类似费用)、明确由客户承担的成本以及仅因该合同而发生的其他成本等。以前期间减值的因素之后发生变化,使得企业上述第一项减去第二项后的差额高于该资产账面价值的,应当转回原已计提的资产减值准备,并计入当期损益,但转回后的资产账面价值不应超过假定不计提减值准备情况下该资产在转回日的账面价值。

在确定与合同成本有关的资产的减值损失时,企业应当首先对按照其他相关企业会计准则确认的、与合同有关的其他资产确定减值损失;然后,按照上一段的要求确定与合同成本有关的资产的减值损失。企业按照《企业会计准则第8号——资产减值》测试相关资产组的减值情况时,应当将按照上述要求确定上述资产减值后的新账面价值计入相关资产组的账面价值。

七、关于特定交易的会计处理

(一) 附有销售退回条款的销售

企业将商品转让给客户之后,可能会因为各种原因允许客户选择退货(例如,客户对所购商品的款式不满意等)。附有销售退回条款的销售,是指客户依照有关合同有权退货的销售方式。合同中有关退货权的条款可能会在合同中明确约定,也有可能是隐含的。隐含的退货权可能来自企业在销售过程中向客户作出的声明或承诺,也有可能是来自法律法规的要求或企业以往的习惯做法等。客户选择退货时,可能有权要求返还其已经支付的全部或部分对价、抵减其对企业已经产生或将会产生的欠款或者要求换取其他商品。

客户取得商品控制权之前退回该商品不属于销售退回。需要说明的是,企业在允许客户退货的期间内随时准备接受退货的承诺,并不构成单项履约义务,但可能会影响收入确认的金额。企业应当遵循可变对价(包括将可变对价计入交易价格的限制要求)的处理原则来确定其预期有权收取的对价金额,即交易价格不应包含预期将会被退回的商品的对价金额。

企业应当在客户取得相关商品控制权时,按照因向客户转让商品而预期有权收取的对价金额(即,不包含预期因销售退回将退还的金额)确认收入,按照预期因销售退回将退还的金额确认负债;同时,按照预期将退回商品转让时的账面价值,扣除收回该商品预计发生的成本(包括退回商品的价值减损)后的余额,确认一项资产,按照所转让商品转让时的账面价值,扣除上述资产成本的净额结转成本。每一资产负债表日,企业应当重新估计未来销售退回情况,并对上述资产和负债进行重新计量。如有变化,应当作为会计估计变更进行会计处理。

【例44】甲公司是一家健身器材销售公司。2×18年10月1日，甲公司向乙公司销售5 000件健身器材，单位销售价格为500元，单位成本为400元，开出的增值税专用发票上注明的销售价格为250万元，增值税额为40万元。健身器材已经发出，但款项尚未收到。根据协议约定，乙公司应于2×18年12月1日之前支付货款，在2×19年3月31日之前有权退还健身器材。发出健身器材时，甲公司根据过去的经验，估计该批健身器材的退货率约为20%；在2×18年12月31日，甲公司对退货率进行了重新评估，认为只有10%的健身器材会被退回。甲公司为增值税一般纳税人，健身器材发出时纳税义务已经发生，实际发生退回时取得税务机关开具的红字增值税专用发票。假定健身器材发出时控制权转移给乙公司。甲公司的账务处理如下：

(1) 2×18年10月1日发出健身器材。

借：应收账款　　　　　　　　　　　　　2 900 000
　　贷：主营业务收入　　　　　　　　　2 000 000
　　　　预计负债——应付退货款　　　　　500 000
　　　　应交税费——应交增值税（销项税额）　400 000
借：主营业务成本　　　　　　　　　　　1 600 000
　　应收退货成本　　　　　　　　　　　　400 000
　　贷：库存商品　　　　　　　　　　　2 000 000

(2) 2×18年12月1日前收到货款。

借：银行存款　　　　　　　　　　　　　2 900 000
　　贷：应收账款　　　　　　　　　　　2 900 000

(3) 2×18年12月31日，甲公司对退货率进行重新评估。

借：预计负债——应付退货款　　　　　　　250 000
　　贷：主营业务收入　　　　　　　　　　250 000

借：主营业务成本 200 000
　　贷：应收退货成本 200 000

（4）2×19年3月31日发生销售退回，实际退货量为400件，退货款项已经支付。

借：库存商品 160 000
　　应交税费——应交增值税（销项税额） 32 000
　　预计负债——应付退货款 250 000
　　贷：应收退货成本 160 000
　　　　主营业务收入 50 000
　　　　银行存款 232 000

借：主营业务成本 40 000
　　贷：应收退货成本 40 000

附有销售退回条款的销售，在客户要求退货时，如果企业有权向客户收取一定金额的退货费，则企业在估计预期有权收取的对价金额时，应当将该退货费包括在内。

【例45】 甲公司向家具店销售10张餐桌，每张餐桌的价格为1 000元，成本为750元。根据合同约定，家具店有权在收到餐桌的30天内退货，但是需要向甲公司支付10%的退货费（即每张餐桌的退货费为100元）。根据历史经验，甲公司预计的退货率为10%，且退货过程中，甲公司预计为每张退货的餐桌发生的成本为50元。上述价格均不包含增值税，假定不考虑相关税费影响，甲公司在将餐桌的控制权转移给家具店时的账务处理为：

借：应收账款 10 000
　　贷：主营业务收入 9 100
　　　　预计负债——应付退货款 900
借：主营业务成本 6 800
　　应收退货成本 700

贷：库存商品　　　　　　　　　　　　　　　　　　　7 500

【例46】乙公司与客户签订合同，向其销售 A 产品。客户在合同开始日即取得了 A 产品的控制权，并在90天内有权退货。由于 A 产品是最新推出的产品，乙公司尚无有关该产品退货率的历史数据，也没有其他可以参考的市场信息。该合同对价为12 100元，根据合同约定，客户应于合同开始日后的第二年年末付款。A 产品在合同开始日的现销价格为10 000元。A 产品的成本为8 000元。退货期满后，未发生退货。上述价格均不包含增值税，假定不考虑相关税费影响。

本例中，客户有退货权，因此，该合同的对价是可变的。由于乙公司缺乏有关退货情况的历史数据，考虑将可变对价计入交易价格的限制要求，在合同开始日不能将可变对价计入交易价格，因此，乙公司在 A 产品控制权转移时确认的收入为0，其应当在退货期满后，根据实际退货情况，按照预期有权收取的对价金额确定交易价格。此外，考虑到 A 产品控制权转移与客户付款之间的时间间隔以及该合同对价与 A 产品现销价格之间的差异等因素，乙公司认为该合同存在重大融资成分。乙公司的账务处理如下：

（1）在合同开始日，乙公司将 A 产品的控制权转移给客户。

借：应收退货成本　　　　　　　　　　　　　　　　8 000
　　贷：库存商品　　　　　　　　　　　　　　　　　　8 000

（2）在90天的退货期内，乙公司尚未确认合同资产和应收款项，因此，无需确认重大融资成分的影响。

（3）退货期满日（假定应收款项在合同开始日和退货期满日的公允价值无重大差异）。

借：长期应收款　　　　　　　　　　　　　　　　　12 100
　　贷：主营业务收入　　　　　　　　　　　　　　　10 000
　　　　未实现融资收益　　　　　　　　　　　　　　 2 100

借：主营业务成本	8 000	
贷：应收退货成本		8 000

在后续期间，乙公司应当考虑在剩余合同期限确定实际利率，将上述应收款项的金额与合同对价之间的差额（2 100元）按照实际利率法进行摊销，确认相关的利息收入。此外，乙公司还应当按照金融工具相关会计准则评估上述应收款项是否发生减值，并进行相应的会计处理。

需要说明的是，客户以一项商品换取类型、质量、状况及价格均相同的另一项商品，不应被视为退货。此外，如果合同约定客户可以将质量有瑕疵的商品退回以换取正常的商品，企业应当按照附有质量保证条款的销售进行会计处理。对于具有类似特征的合同组合，企业也可以在确定退货率、坏账率、合同存续期间等方面运用组合法进行估计。

（二）附有质量保证条款的销售

企业在向客户销售商品时，根据合同约定、法律规定或本企业以往的习惯做法等，可能会为所销售的商品提供质量保证，这些质量保证的性质可能因行业或者客户而不同。其中，有一些质量保证是为了向客户保证所销售的商品符合既定标准，即保证类质量保证；而另一些质量保证则是在向客户保证所销售的商品符合既定标准之外提供了一项单独的服务，即服务类质量保证。

企业应当对其所提供的质量保证的性质进行分析，对于客户能够选择单独购买质量保证的，表明该质量保证构成单项履约义务；对于客户虽然不能选择单独购买质量保证，但是，如果该质量保证在向客户保证所销售的商品符合既定标准之外提供了一项单独服务的，也应当作为单项履约义务。作为单项履约义务的质量保证应当按本准则规定进行会计处理，并将部分交易价格分摊至该项履约义务。对于不能作为单项履约义务的质量保证，企业应当按照《企业会计准则第 13 号——或有事项》的规定进行会计处理。

企业在评估一项质量保证是否在向客户保证所销售的商品符合既定标准之外提供了一项单独的服务时，应当考虑的因素包括：

1. 该质量保证是否为法定要求。当法律要求企业提供质量保证时，该法律规定通常表明企业承诺提供的质量保证不是单项履约义务，这是因为，这些法律规定通常是为了保护客户，以免其购买瑕疵或缺陷商品，而并非为客户提供一项单独的服务。

2. 质量保证期限。企业提供质量保证的期限越长，越有可能表明企业向客户提供了保证商品符合既定标准之外的服务。因此，企业承诺提供的质量保证越有可能构成单项履约义务。

3. 企业承诺履行任务的性质。如果企业必须履行某些特定的任务以保证所销售的商品符合既定标准（例如，企业负责运输被客户退回的瑕疵商品），则这些特定的任务可能不构成单项履约义务。

【例 47】甲公司与客户签订合同，销售一部手机。该手机自售出起一年内如果发生质量问题，甲公司负责提供质量保证服务。此外，在此期间内，由于客户使用不当（例如手机进水）等原因造成的产品故障，甲公司也免费提供维修服务。该维修服务不能单独购买。

本例中，甲公司的承诺包括：销售手机、提供质量保证服务以及维修服务。甲公司针对产品的质量问题提供的质量保证服务是为了向客户保证所销售商品符合既定标准，因此不构成单项履约义务；甲公司对由于客户使用不当而导致的产品故障提供的免费维修服务，属于在向客户保证所销售商品符合既定标准之外提供的单独服务，尽管其没有单独销售，该服务与手机可明确区分，应该作为单项履约义务。因此，在该合同下，甲公司的履约义务有两项：销售手机和提供维修服务，甲公司应当按照其各自单独售价的相对比例，将交易价格分摊至这两项履约义务，并在各项履约义务履行时分别确认收入。甲公司提供的质量保证服务,应当按照《企业会计准则第13号——或有事项》的规定进行会计处理。

企业提供的质量保证同时包含保证类质量保证和服务类质量保证的,应当分别对其进行会计处理;无法合理区分的,应当将这两类质量保证一起作为单项履约义务按照本准则进行会计处理。

当企业销售的商品对客户造成损害或损失时,如果相关法律法规要求企业需要对此进行赔偿,该法定要求不会产生单项履约义务。如果企业承诺,当企业向客户销售的商品由于专利权、版权、商标或其他侵权等原因被索赔而对客户造成损失时,向客户赔偿该损失,该承诺也不会产生单项履约义务。企业应当按照《企业会计准则第13号——或有事项》的规定对上述义务进行会计处理。

(三) 主要责任人和代理人

当企业向客户销售商品涉及其他方参与其中时,企业应当确定其自身在该交易中的身份是主要责任人还是代理人。主要责任人应当按照已收或应收对价总额确认收入;代理人应当按照预期有权收取的佣金或手续费的金额确认收入。

1. 主要责任人或代理人的判断原则。

企业在判断其是主要责任人还是代理人时,应当根据其承诺的性质,也就是履约义务的性质,确定企业在某项交易中的身份是主要责任人还是代理人。企业承诺自行向客户提供特定商品的,其身份是主要责任人;企业承诺安排他人提供特定商品的,即为他人提供协助的,其身份是代理人。自行向客户提供特定商品可能也包含委托另一方(包括分包商)代为提供特定商品。

在确定企业承诺的性质时,企业应当首先识别向客户提供的特定商品。这里的特定商品,是指向客户提供的可明确区分的商品或可明确区分的一揽子商品,根据前述可明确区分的商品的内容,该特定的商品也包括享有由其他方提供的商品的权利。例如，旅行社销售的机票向客户提供了乘坐航班的权利，团购网站销售的餐券向客户提供了在指定餐厅用餐的权利等。当企业与客户订立的合同中包含多项特定商品时，对于某些商品而言，企业可能是主要责任人，而对于其他商品而言，企业可能是代理人。例如，企业与客户订立合同，向客户销售其生产的产品并且负责将该产品运送至客户指定的地点，假定销售产品和提供运输服务是两项履约义务，企业需要分别判断其在这两项履约义务中的身份是主要责任人还是代理人。

然后，企业应当评估特定商品在转让给客户之前，企业是否控制该商品。企业在将特定商品转让给客户之前控制该商品的，表明企业的承诺是自行向客户提供该商品，或委托另一方（包括分包商）代其提供该商品，因此，企业为主要责任人；相反，企业在特定商品转让给客户之前不控制该商品的，表明企业的承诺是安排他人向客户提供该商品，是为他人提供协助，因此，企业为代理人。当企业仅仅是在特定商品的法定所有权转移给客户之前，暂时性地获得该商品的法定所有权时，并不意味着企业一定控制了该商品。

2. 企业作为主要责任人的情况。

当存在第三方参与企业向客户提供商品时，企业向客户转让特定商品之前能够控制该商品的，应当作为主要责任人。企业作为主要责任人的情形包括：

（1）企业自该第三方取得商品或其他资产控制权后，再转让给客户。这里的商品或其他资产也包括企业向客户转让的未来享有由其他方提供服务的权利。企业应当评估该权利在转让给客户前，企业是否控制该权利。在进行上述评估时，企业应当考虑该权利是仅在转让给客户时才产生，还是在转让给客户之前就已经存在，且企业一直能够主导其使用，如果该权利在转让给客户之前不存在，则企业实质上并不能在该权利转让给客户之前控制该权利。

七、关于特定交易的会计处理

【例48】甲公司是一家旅行社,从航空公司购买了一定数量的折扣机票,并对外销售。甲公司向旅客销售机票时,可自行决定机票的价格,未售出的机票不能退还给航空公司。

本例中,甲公司向客户提供的特定商品为机票,该机票代表了客户可以乘坐某特定航班(即享受航空公司提供的飞行服务)的权利。甲公司在确定特定客户之前已经预先从航空公司购买了机票,因此,该权利在转让给客户之前已经存在。甲公司从航空公司购入机票之后,可以自行决定该机票的用途,即是否用于对外销售,以何等价格以及向哪些客户销售等,甲公司有能力主导该机票的使用并且能够获得其几乎全部的经济利益。因此,甲公司在将机票销售给客户之前,能够控制该机票,甲公司在向旅客销售机票的交易中的身份是主要责任人。

【例49】甲公司经营某购物网站,在该网站购物的消费者可以明确获知在该网站上销售的商品均为其他零售商直接销售的商品,这些零售商负责发货以及售后服务等。甲公司与零售商签订的合同约定,该网站所售商品的采购、定价、发货以及售后服务等均由零售商自行负责,甲公司仅负责协助零售商和消费者结算货款,并按照每笔交易的实际销售额收取5%的佣金。

本例中,甲公司经营的购物网站是一个购物平台,零售商可以在该平台发布所销售商品信息,消费者可以从该平台购买零售商销售的商品。消费者在该网站购物时,向其提供的特定商品为零售商在网站上销售的商品,除此之外,甲公司并未提供任何其他的商品。这些特定商品在转移给消费者之前,甲公司没有能力主导这些商品的使用,例如,甲公司不能将这些商品提供给购买该商品的消费者之外的其他方,也不能阻止零售商向该消费者转移这些商品。因此,消费者在该网站购物时,在相关商品转移给消费者之前,甲公司并未控制这些商品,甲公司的履约义务是安排零售商向消费者提供相关商品，而非自行提供这些商品，甲公司在该交易中的身份是代理人。

【例50】甲公司向客户销售某餐厅的代金券，购买了该代金券的客户可以使用该代金券在指定的餐厅用餐。该代金券一旦售出，不可退还。客户无需提前购买该代金券，只需要在消费时购买即可。根据甲公司和该餐厅的协议约定，代金券在销售给客户之前，甲公司不必要、也没有承诺预先自行购买该代金券。代金券的销售价格由甲公司和该餐厅共同制定，甲公司在代金券出售时有权收取代金券价格的10%作为佣金。甲公司会协助购买该代金券在餐厅用餐的客户解决与用餐有关的投诉，并对客户进行满意度调查；餐厅负责履行与该代金券有关的义务，包括对不满餐厅服务的客户进行补偿等。

本例中，向客户提供的特定商品为代金券，该代金券代表了客户可以在指定餐厅用餐（即享受该餐厅提供的餐饮服务）的权利。甲公司不必要、也没有承诺预先自行购买该代金券，只有当客户向其购买代金券时，其才会同时向指定餐厅购买代金券，对于甲公司而言，该权利仅在转让给客户时才产生，而在转让给客户之前并不存在，甲公司并不能随时主导该权利的使用并从中获益。因此，甲公司在将代金券销售给客户之前，并未控制该代金券，甲公司在该交易中的身份为代理人。

（2）企业能够主导第三方代表本企业向客户提供服务。当企业承诺向客户提供服务，并委托第三方（例如分包商、其他服务提供商等）代表企业向客户提供服务时，如果企业能够主导该第三方代表本企业向客户提供服务，则表明企业在相关服务提供给客户之前能够控制该相关服务。

【例51】甲公司与乙公司签订合同，为其写字楼提供保洁服务，并商定了服务范围及其价格。甲公司每月按照约定的价格向乙公司开具发票，乙公司按照约定的日期向甲公司付款。双方签订合同后，甲公司委托服务供应商丙公司代表其为乙公司提供该保洁服务，并与其签订了合同。甲公司和丙公司商定了服务价格,双方签订的合同付款条款大致上与甲公司和乙公司约定的付款条款一致。当丙公司按照与甲公司的合同约定提供了服务时,无论乙公司是否向甲公司付款,甲公司都必须向丙公司付款。乙公司无权主导丙公司提供未经甲公司同意的服务。

本例中,甲公司向乙公司提供的特定服务是写字楼的保洁服务,除此之外,甲公司并没有向乙公司承诺任何其他的商品。根据甲公司与丙公司签订的合同,甲公司能够主导丙公司所提供的服务,包括要求丙公司代表甲公司向乙公司提供保洁服务,相当于甲公司利用其自身资源履行了该合同。乙公司无权主导丙公司提供未经甲公司同意的服务。因此,甲公司在丙公司向乙公司提供保洁服务之前控制了该服务,甲公司在该交易中的身份为主要责任人。

(3)企业自第三方取得商品控制权后,通过提供重大的服务将该商品与其他商品整合成合同约定的某组合产出转让给客户。此时,企业承诺提供的特定商品就是合同约定的组合产出。企业只有获得为生产该特定商品所需要的投入(包括从第三方取得的商品)的控制权,才能够将这些投入加工整合为合同约定的组合产出。

【例52】甲公司与乙公司签订合同,向其销售一台特种设备,并商定了该设备的具体规格和销售价格,甲公司负责按照约定的规格设计该设备,并按双方商定的销售价格向乙公司开具发票。该特种设备的设计和制造高度相关。为履行该合同,甲公司与其供应商丙公司签订合同,委托丙公司按照其设计方案制造该设备,并安排丙公司直接向乙公司交付设备。丙公司将设备交付给乙公司后,甲公司按与丙公司约定的价格向丙公司支付制造设备的对价;丙公司负责设备质量问题,甲公司负责设备由于设计原因引致的问题。

本例中,甲公司向乙公司提供的特定商品是其设计的专用设备。虽然甲公司将设备的制造工作分包给丙公司进行,但是,甲公司认为该设备的设计和制造高度相关,不能明确区分,应当作为单项履约义务。由于甲公司负责该合同的整体管理,如果在设备制造过程中发现需要对设备规格作出任何调整,甲公司需要负责制定相关的修订方案,通知丙公司进行相关调整,并确保任何调整均符合修订后的规格要求。甲公司主导了丙公司的制造服务,并通过必需的重大整合服务,将其整合作为向乙公司转让的组合产出(专用设备)的一部分,在该专用设备转让给客户前控制了该专用设备。因此,甲公司在该交易中的身份为主要责任人。

企业无论是主要责任人还是代理人,均应当在履约义务履行时确认收入。企业为主要责任人的,应当按照其自行向客户提供商品而有权收取的对价总额确认收入;企业为代理人的,应当按照其因安排他人向客户提供特定商品而有权收取的佣金或手续费的金额确认收入,该金额可能是按照既定的佣金金额或比例确定,也可能是按照已收或应收对价总额扣除应支付给提供该特定商品的其他方的价款后的净额确定。

3. 需要考虑的相关事实和情况。实务中,企业在判断其在向客户转让特定商品之前是否已经拥有对该商品的控制权时,不应仅局限于合同的法律形式,而应当综合考虑所有相关事实和情况进行判断,这些事实和情况包括但不仅限于:

(1) 企业承担向客户转让商品的主要责任。该主要责任包括就特定商品的可接受性(例如,确保商品的规格满足客户的要求)承担责任等。当存在第三方参与向客户提供特定商品时,如果企业就该特定商品对客户承担主要责任,则可能表明该第三方是在代表企业提供该特定商品。企业在评估是否承担向客户转让商品的主要责任时,应当从客户的角度进行评估,即客户认为哪一方承担了主要责任。例如,客户认为谁对商品的质量或性能负责、谁负责提供售后服务、谁负责解决客户投诉等。

（2）企业在转让商品之前或之后承担了该商品的存货风险。当企业在与客户订立合同之前已经购买或者承诺将自行购买特定商品时，这可能表明企业在将该特定商品转让给客户之前，承担了该特定商品的存货风险，企业有能力主导特定商品的使用并从中取得几乎全部的经济利益。在附有销售退回条款的销售中，企业将商品销售给客户之后，客户有权要求向该企业退货，这可能表明企业在转让商品之后仍然承担了该商品的存货风险。

（3）企业有权自主决定所交易商品的价格。企业有权决定与客户交易的特定商品的价格，可能表明企业有能力主导该商品的使用并从中获得几乎全部的经济利益。然而，在某些情况下，代理人可能在一定程度上也拥有定价权（例如，在主要责任人规定的某一价格范围内决定价格），以便其在代表主要责任人向客户提供商品时，能够吸引更多的客户，从而赚取更多的收入。例如，当代理人向主要责任人的客户提供一定折扣优惠，以激励该客户购买主要责任人的商品时，即使代理人有一定的定价能力，也并不表明其身份是主要责任人，代理人只是放弃了一部分自己应当赚取的佣金或手续费而已。

需要强调的是，企业在判断其是主要责任人还是代理人时，应当以该企业在特定商品转让给客户之前是否能够控制该商品为原则。上述相关事实和情况仅为支持对控制权的评估，不能取代控制权的评估，也不能凌驾于控制权评估之上，更不是单独或额外的评估；并且这些事实和情况并无权重之分，其中某一项或几项也不能被孤立地用于支持某一结论。企业应当根据相关商品的性质、合同条款的约定以及其他具体情况，综合进行判断。不同的合同可能需要采用上述不同的事实和情况提供支持证据。

当第三方承担了企业的履约义务并享有了合同中的权利，从而使企业不再负有自行向客户转让特定商品的义务时，企业不再是主要责任人，不应再按照主要责任人确认收入，而应当评估其履约义务是否是为该第三方取得合同,即企业是否为代理人,并确认相应的收入。

(四)附有客户额外购买选择权的销售

某些情况下,企业在销售商品的同时,会向客户授予选择权,允许客户可以据此免费或者以折扣价格购买额外的商品。企业向客户授予的额外购买选择权的形式包括销售激励、客户奖励积分、未来购买商品的折扣券以及合同续约选择权等。

对于附有客户额外购买选择权的销售,企业应当评估该选择权是否向客户提供了一项重大权利。如果客户只有在订立了一项合同的前提下才取得了额外购买选择权,并且客户行使该选择权购买额外商品时,能够享受到超过该地区或该市场中其他同类客户所能够享有的折扣,则通常认为该选择权向客户提供了一项重大权利。该选择权向客户提供了重大权利的,应当作为单项履约义务。在这种情况下,客户在该合同下支付的价款实际上购买了两项单独的商品:一是客户在该合同下原本购买的商品;二是客户可以免费或者以折扣价格购买额外商品的权利。企业应当将交易价格在这两项商品之间进行分摊,其中,分摊至后者的交易价格与未来的商品相关,因此,企业应当在客户未来行使该选择权取得相关商品的控制权时,或者在该选择权失效时确认为收入。在考虑授予客户的该项权利是否重大时,应根据其金额和性质综合判断。例如,企业实施一项奖励积分计划,客户每消费10元便可获得1个积分,每个积分的单独售价为0.1元,该积分可累积使用,用于换取企业销售的产品,虽然客户每笔消费所获取的积分的价值相对于消费金额而言并不重大,但是由于该积分可以累积使用,基于企业的历史数据,客户通常能够累积足够的积分来免费换取产品,这可能表明该积分向客户提供了重大权利。

当企业向客户提供了额外购买选择权,但客户在行使该选择权购买商品的价格反映了该商品的单独售价时,即使客户只能通过与企业订立特定合同才能获得该选择权,该选择权也不应被视为企业向该客户提供了一项重大权利。例如,电信公司与客户签订合同,以套餐的方式向客户销售一部手机和两年的通信服务,包括每月200分钟的语音服务和4G的数据流量,并按月收取固定费用;同时,客户可以根据需要,在任何月份按照约定的价格购买额外的语音服务和数据流量。如果该约定的价格与其他客户单独购买语音服务和数据流量时的价格相同,则表明电信公司向客户提供的该额外购买选择权并不构成一项重大权利,企业无需分摊交易价格,只有在客户行使选择权购买额外的商品时才需要进行相应的会计处理。

企业提供的额外购买选择权构成单项履约义务的,企业应当按照交易价格分摊的相关原则,将交易价格分摊至该履约义务。客户额外购买选择权的单独售价无法直接观察的,企业应当综合考虑客户行使和不行使该选择权所能获得的折扣的差异以及客户行使该选择权的可能性等全部相关信息后,予以合理估计。

【例53】甲公司以100元的价格向客户销售A商品,购买该商品的客户可得到一张40%的折扣券,客户可以在未来的30天内使用该折扣券购买甲公司原价不超过100元的任一商品。同时,甲公司计划推出季节性促销活动,在未来30天内针对所有产品均提供10%的折扣。上述两项优惠不能叠加使用。根据历史经验,甲公司预计有80%的客户会使用该折扣券,额外购买的商品的金额平均为50元。上述金额均不包含增值税,且假定不考虑相关税费影响。

本例中,购买A商品的客户能够取得40%的折扣券,其远高于所有客户均能享有的10%的折扣,因此,甲公司认为该折扣券向客户提供了重大权利,应当作为单项履约义务。考虑到客户使用该折扣券的可能性以及额外购买的金额,甲公司估计该折扣券的单独售价为12元[50×80%×(40%-10%)]。甲公司按照A产品和折扣券单独售价的相对比例对交易价格进行分摊,A商品分摊的交易价格为89元[100÷(100+12)×100],折扣券选择权分摊的交易价格为11元[12÷(100+12)×100]。甲公司在销售A商品时的账务处理如下:

借:银行存款　　　　　　　　　　　　　　　100
　贷:主营业务收入　　　　　　　　　　　　　89
　　　合同负债　　　　　　　　　　　　　　　11

【例54】2×18年1月1日,甲公司开始推行一项奖励积分计划。根据该计划,客户在甲公司每消费10元可获得1个积分,每个积分从次月开始在购物时可以抵减1元。截至2×18年1月31日,客户共消费100 000元,可获得10 000个积分,根据历史经验,甲公司估计该积分的兑换率为95%。上述金额均不包含增值税,且假定不考虑相关税费影响。

本例中,甲公司认为其授予客户的积分为客户提供了一项重大权利,应当作为单项履约义务。客户购买商品的单独售价合计为100 000元,考虑积分的兑换率,甲公司估计积分的单独售价为9 500元(1×10 000×95%)。甲公司按照商品和积分单独售价的相对比例对交易价格进行分摊:

商品分摊的交易价格=[100 000÷(100 000+9 500)]×100 000=91 324(元)

积分分摊的交易价格=[9 500÷(100 000+9 500)]×100 000=8 676(元)

因此,甲公司应当在商品的控制权转移时确认收入91 324元,同时,确认合同负债8 676元。

截至2×18年12月31日,客户共兑换了4 500个积分,甲公司对该积分的兑换率进行了重新估计,仍然预计客户将会兑换的积分总数为9 500个。因此，甲公司以客户兑换的积分数占预期将兑换的积分总数的比例为基础确认收入。积分当年应当确认的收入为4 110元（4 500÷9 500×8 676）；剩余未兑换的积分为4 566元（8 676 - 4 110），仍然作为合同负债。

截至2×19年12月31日，客户累计兑换了8 500个积分。甲公司对该积分的兑换率进行了重新估计，预计客户将会兑换的积分总数为9 700个。积分当年应当确认的收入为3 493元（8 500÷9 700× 8 676 - 4 110）；剩余未兑换的积分为1 073元（8 676 - 4 110 - 3 493），仍然作为合同负债。

需要说明的是，企业向客户授予奖励积分，该积分可能有多种使用方式，例如该积分只能用于兑换本企业提供的商品、只能用于兑换第三方的商品，或者客户可以在二者中进行选择。企业授予客户的奖励积分为客户提供了重大权利从而构成单项履约义务时，企业应当根据具体情况确定收入确认的时点和金额。具体而言，该积分只能用于兑换本企业提供的商品的，企业通常只能在将相关商品转让给客户或该积分失效时，确认与积分相关的收入；该积分只能用于兑换第三方提供的商品的，企业应当分析，对于该项履约义务而言，其身份是主要责任人还是代理人，企业是代理人的，通常应在完成代理服务时（例如协助客户自第三方兑换完积分时）按照其有权收取的佣金等确认收入；客户可以选择兑换由本企业或第三方提供的商品的，在客户选择如何兑换积分或该积分失效之前，企业需要随时准备为客户兑换积分提供商品，当客户选择兑换本企业的商品时，企业通常只能在将相关商品转让给客户或该积分失效时确认相关收入，当客户选择兑换第三方提供的商品时，企业需要分析其是主要责任人还是代理人，并进行相应的会计处理。

当客户享有的额外购买选择权是一项重大权利时，如果客户行使该权利购买的额外商品与原合同下购买的商品类似，且企业将按照原合同条款提供该额外商品的,则企业可以无需估计该选择权的单独售价,而是直接把其预计将提供的额外商品的数量以及预计将收取的相应对价金额纳入原合同,并进行相应的会计处理。这是一种便于实务操作的简化处理方式,常见于企业向客户提供续约选择权的情况。例如,企业与客户签订为期一年的合同,以每件2 000元的价格向客户销售A产品,数量不限,客户可以选择在合同到期时以与原合同相同的条款续约一年,这款产品通常每年提价20%,由于行使续约选择权的客户可以按原合同价格(低于当年的市场价格)购买A产品,企业认为该续约选择权向客户提供了重大权利,且符合简化处理的条件,因此,企业可以无需将原合同的交易价格分摊至该续约选择权,而是直接按照每件2 000元的价格确认原合同和续约后的合同下销售的A产品收入。

【例55】2×18年1月1日,甲公司与100位客户签订为期一年的服务合同,每份合同的价格均为10 000元,并在当日全额支付了款项。该项服务是甲公司推出的一项新业务。为推广该业务,该合同约定,客户有权在2×18年年末选择以同样的价格续约一年并立即支付10 000元;选择在2×18年年末续约的客户还有权在2×19年年末选择以同样的价格再续约一年并立即支付10 000元。甲公司在2×19年和2×20年将对该项服务的价格分别提高至每年30 000元和50 000元。2×18年年末及其后,没有续约但之后又向甲公司购买该项服务的客户以及新客户都将适用当年涨价后的价格。假定甲公司提供该服务属于在一段时间内履行的履约义务,并按照成本法确定履约进度。上述金额均不包含增值税。合同开始日即2×18年1月1日,甲公司估计有90%的客户(即90位客户)会在2×18年年末选择续约,其中又有90%的客户(即81位客户)会在2×19年年末再次选择续约。2×18年至2×20年的合同预计成本分别为6 000元、7 500元和10 000元。

本例中，只有签订了该合同的客户才有权选择续约，且客户行使该权利续约时所能够享受的价格远低于该项服务当时的市场价格，因此，甲公司认为该续约选择权向客户提供了重大权利，且符合简化处理的条件，即甲公司无需估计该续约选择权的单独售价，而是直接把其预计将提供的额外服务以及预计将收取的相应对价金额纳入原合同，进行会计处理。

在合同开始日，甲公司根据其对客户续约选择权的估计，估计每份合同的交易价格为27 100元（10 000 + 10 000×90% + 10 000×81%），预计每份合同各年应分摊的交易价格如表2所示。

表2 金额单位：元

年度	预计成本	考虑续约可能性调整后的成本	分摊的交易价格
2×18	6 000	6 000（6 000×100%）	7 799［（6 000÷20 850）×27 100］
2×19	7 500	6 750（7 500×90%）	8 773［（6 750÷20 850）×27 100］
2×20	10 000	8 100（10 000×81%）	10 528［（8 100÷20 850）×27 100］
合计	23 500	20 850	27 100

假定客户实际选择续约的情况与甲公司的估计一致。甲公司在各年收款、确认收入以及年末合同负债的情况如表3所示。

表3 金额单位：元

年度	收款	确认收入	合同负债
2×18	1 900 000	779 900	1 120 100
2×19	810 000	877 300	1 052 800
2×20	—	1 052 800	—
合计	2 710 000	2 710 000	

如果客户实际选择续约的情况与甲公司的估计不一致，则甲公司需要根据实际情况对于交易价格、履约进度以及各年确认的收入

进行相应调整。

（五）授予知识产权许可

授予知识产权许可，是指企业授予客户对企业拥有的知识产权享有相应权利。常见的知识产权包括软件和技术、影视和音乐等的版权、特许经营权以及专利权、商标权和其他版权等。

1. 授予知识产权许可是否构成单项履约义务。

企业向客户授予知识产权许可时，可能也会同时销售商品，这些承诺可能在合同中明确约定，也可能隐含于企业已公开宣布的政策、特定声明或者企业以往的习惯做法中。在这种情况下，企业应当评估授予客户的知识产权许可是否可与所售商品明确区分，即该知识产权许可是否构成单项履约义务，并进行相应的会计处理。

授予客户的知识产权许可不构成单项履约义务的，企业应当将该知识产权许可和所售商品一起作为单项履约义务进行会计处理。知识产权许可与所售商品不可明确区分的情形包括：一是该知识产权许可构成有形商品的组成部分并且对于该商品的正常使用不可或缺，例如，企业向客户销售设备和相关软件，该软件内嵌于设备之中，该设备必须安装了该软件之后才能正常使用；二是客户只有将该知识产权许可和相关服务一起使用才能够从中获益，例如，客户取得授权许可，但是只有通过企业提供的在线服务才能访问相关内容。

【例56】甲生物制药公司将其拥有的某合成药的专利权许可证授予乙公司，授权期限为10年。同时，甲公司承诺为乙公司生产该种药品。除此之外，甲公司不会从事任何与支持该药品相关的活动。该药品的生产流程特殊性极高，没有其他公司能够生产该药品。

本例中，甲公司向乙公司授予专利权许可，并为其提供生产服务。由于市场上没有其他公司能够生产该药品，客户将无法从该专利权许可中单独获益,因此,该专利权许可和生产服务不可明确区分,应当将其一起作为单项履约义务进行会计处理。

相反,如果该药品的生产流程特殊性不高,其他公司也能够生产该药品,则该专利权许可和生产服务可明确区分,应当各自分别作为单项履约义务进行会计处理。

2. 授予知识产权许可属于在某一时段履行的履约义务。

授予客户的知识产权许可构成单项履约义务的,企业应当根据该履约义务的性质,进一步确定其是在某一时段内履行还是在某一时点履行。企业向客户授予的知识产权许可,同时满足下列三项条件的,应当作为在某一时段内履行的履约义务确认相关收入;否则,应当作为在某一时点履行的履约义务确认相关收入:

(1) 合同要求或客户能够合理预期企业将从事对该项知识产权有重大影响的活动。企业向客户授予知识产权许可之后,还可能会从事一些后续活动,例如市场推广、知识产权的继续开发或者能够影响知识产权价值的日常活动等,这些活动可能会在企业与客户的合同中明确约定,也可能是客户基于企业公开宣布的政策、特定声明或者企业以往的习惯做法而合理预期企业将会从事这些活动。如果企业和客户之间约定共享该知识产权的经济利益(例如,企业收取的特许权使用费基于客户的销售情况确定),虽然并非决定性因素,但是这可能表明客户能够合理预期企业将从事对该项知识产权有重大影响的活动。

企业从事的活动存在下列情况之一的,将会对该项知识产权有重大影响:一是这些活动预期将显著改变该项知识产权的形式(如知识产权的设计、内容)或者功能(如执行某任务的能力);二是客户从该项知识产权中获益的能力在很大程度上来源于或者取决于这些活动,即,这些活动会改变该项知识产权的价值,例如企业授权客户使用其品牌,客户从该品牌获得的利益价值取决于企业为维护或提升其品牌价值而持续从事的活动。当该项知识产权具有重大的独立功能，且该项知识产权绝大部分的经济利益来源于该项功能时，客户从该项知识产权中获得的利益可能不受企业从事的相关活动的重大影响，除非这些活动显著改变了该项知识产权的形式或者功能。具有重大独立功能的知识产权主要包括软件、生物合成物或药物配方以及已完成的媒体内容（例如电影、电视节目以及音乐录音）版权等。

（2）该活动对客户将产生有利或不利影响。企业从事的这些后续活动将直接导致相关知识产权许可对客户产生影响，且这种影响既包括有利影响，也包括不利影响。如果企业从事的后续活动并不影响授予客户的知识产权许可，那么企业的后续活动只是在改变其自己拥有的资产。虽然这些活动可能影响企业提供未来知识产权许可的能力，但将不会影响客户已控制或使用的内容。

（3）该活动不会导致向客户转让某项商品。企业向客户授予知识产权许可，并承诺从事与该许可相关的某些后续活动时，如果这些活动本身构成了单项履约义务，那么企业在评估授予知识产权许可是否属于在某一时段履行的履约义务时应当不予考虑。

【例57】甲公司是一家设计制作连环漫画的公司，乙公司是一家大型游轮的运营商。甲公司授权乙公司可在4年内使用其3部连环漫画中的角色形象和名称，乙公司可以不同的方式（例如，展览或演出）使用这些漫画中的角色。甲公司的每部连环漫画都有相应的主要角色，并会定期创造新的角色，角色的形象也会随时演变。合同要求乙公司必须使用最新的角色形象。在授权期内，甲公司每年向乙公司收取1 000万元。

本例中，甲公司除了授予知识产权许可外不存在其他履约义务。也就是说，与知识产权许可相关的额外活动并未向客户提供其他商品，因为这些活动是企业授予知识产权许可承诺的一部分，且实际上改变了客户享有知识产权许可的内容。甲公司基于下列因素的考虑，认为该许可的相关收入应当在某一时段内确认：一是乙公司合理预期（根据甲公司以往的习惯做法），甲公司将实施对该知识产权许可产生重大影响的活动，包括创作角色及出版包含这些角色的连环漫画等；二是合同要求乙公司必须使用甲公司创作的最新角色，这些角色塑造得成功与否，会直接对乙公司产生有利或不利影响；三是尽管乙公司可以通过该知识产权许可从这些活动中获益，但在这些活动发生时并没有导致向乙公司转让任何商品。

由于合同规定乙公司在一段固定期间内可无限制地使用其取得授权许可的角色，因此，甲公司按照时间进度确定履约进度。

3. 授予知识产权许可属于在某一时点履行的履约义务。

授予知识产权许可不属于在某一时段内履行的履约义务的，应当作为在某一时点履行的履约义务，在履行该履约义务时确认收入。在客户能够使用某项知识产权许可并开始从中获利之前，企业不能对此类知识产权许可确认收入。例如，企业授权客户在一定期间内使用软件，但是，在企业向客户提供该软件的密钥之前，客户都无法使用该软件，因此，企业在向客户提供该密钥之前虽然已经得到授权，但也不应确认收入。

【例58】甲音乐唱片公司将其拥有的一首经典民歌的版权授予乙公司，并约定乙公司在两年内有权在国内所有商业渠道（包括电视、广播和网络广告等）使用该经典民歌。因提供该版权许可，甲公司每月收取1 000元的固定对价。除该版权之外，甲公司无需提供任何其他的商品。该合同不可撤销。

本例中，甲公司除了授予该版权许可外不存在其他履约义务。甲公司并无任何义务从事改变该版权的后续活动，该版权也具有重大的独立功能（即民歌的录音可直接用于播放），乙公司主要通过该重大独立功能获利，而非甲公司的后续活动。因此，合同未要求甲公司从事对该版权许可有重大影响的活动，乙公司对此也没有形成合理预期，甲公司授予该版权许可属于在某一时点履行的履约义务，应在乙公司能够主导该版权的使用并从中获得几乎全部经济利益时，全额确认收入。

此外，由于甲公司履约的时间与客户付款时间（两年内每月支付）之间间隔较长，甲公司需要判断该项合同中是否存在重大的融资成分，并进行相应的会计处理。

值得注意的是，在判断某项知识产权许可是属于在某一时段内履行的履约义务还是在某一时点履行的履约义务时，企业不应考虑下列因素：一是该许可在时间、地域、排他性以及相关知识产权消耗和使用方面的限制，这是因为这些限制界定了已承诺的许可的属性，并不能界定企业是在某一时点还是在某一时段内履行其履约义务。二是企业就其拥有的知识产权的有效性以及防止未经授权使用该知识产权许可所提供的保证，这是因为保护知识产权的承诺并不构成履约义务，该保护行为是为了保护企业知识产权资产的价值，并且就所转让的知识产权许可符合合同约定的具体要求而向客户提供保证。

4. 基于销售或使用情况的特许权使用费。

企业向客户授予知识产权许可，并约定按客户实际销售或使用情况（如按照客户的销售额）收取特许权使用费的，应当在客户后续销售或使用行为实际发生与企业履行相关履约义务二者孰晚的时点确认收入。这是估计可变对价的一个例外规定，该例外规定只有在下列两种情形下才能使用：一是特许权使用费仅与知识产权许可相关。二是特许权使用费可能与合同中的知识产权许可和其他商品都相关，但是，与知识产权许可相关的部分占有主导地位。当企业能够合理预期，客户认为知识产权许可的价值远高于合同中与之相关的其他商品时，该知识产权许可可能是占有主导地位的。对于不适用该例外规定的特许权使用费,应当按照估计可变对价的一般原则进行处理。

【例59】甲电影发行公司与乙公司签订合同,将其拥有的一部电影的版权授权给乙公司,乙公司可在其旗下的影院放映该电影,放映期间为6周。除了将该电影版权授权给乙公司之外,甲公司还同意在该电影放映之前,向乙公司提供该电影的片花,在乙公司的影院播放,并且在该电影放映期间在当地知名的广播电台播放广告。甲公司将获得乙公司播放该电影的票房分成。

本例中,甲公司的承诺包括授予电影版权许可、提供电影片花以及提供广告服务。甲公司在该合同下获得的对价为按照乙公司实际销售情况收取的特许权使用费,与之相关的授予电影版权许可是占有主导地位的,这是因为,甲公司能够合理预期,客户认为该电影版权许可的价值远高于合同中提供的电影片花和广告服务。因此,甲公司应当在乙公司放映该电影的期间按照约定的分成比例确认收入。如果授予电影版权许可、提供电影片花以及广告服务分别构成单项履约义务,甲公司应当将该取得的分成收入在这些履约义务之间进行分摊。

此外,企业使用上述例外规定时,应当对特许权使用费整体采用该规定,而不应当将特许权使用费进行分拆,即部分采用该例外规定进行处理,而其他部分按照估计可变对价的一般原则进行处理。

【例60】甲公司是一家著名的足球俱乐部,授权乙公司在其设计生产的服装、帽子、水杯以及毛巾等产品上使用甲公司球队的名称和图标,授权期间为2年。合同约定,甲公司收取的合同对价由两部分组成:一是200万元固定金额的使用费;二是按照乙公司销售上述商品所取得销售额的5%计算的提成。乙公司预期甲公司会继续参加当地顶级联赛,并取得优异的成绩。

本例中,该合同仅包括一项履约义务,即授予使用权许可,甲公司继续参加比赛并取得优异成绩等活动是该许可的组成部分。由于乙公司能够合理预期甲公司将继续参加比赛，甲公司的成绩将会对其品牌（包括名称和图标等）的价值产生重大影响，而该品牌价值可能会进一步影响乙公司产品的销量，甲公司从事的上述活动并未向乙公司转让任何可明确区分的商品，因此，甲公司授予的该使用权许可，属于在2年内履行的履约义务。甲公司收取的200万元固定金额的使用费应当在2年内平均确认收入，按照乙公司销售相关商品所取得销售额的5%计算的提成应当在乙公司的销售发生时确认收入。

（六）售后回购

售后回购，是指企业销售商品的同时承诺或有权选择日后再将该商品购回的销售方式。被购回的商品包括原销售给客户的商品、与该商品几乎相同的商品，或者以该商品作为组成部分的其他商品。一般来说，售后回购通常有三种形式：一是企业和客户约定企业有义务回购该商品，即存在远期安排。二是企业有权利回购该商品，即企业拥有回购选择权。三是当客户要求时，企业有义务回购该商品，即客户拥有回售选择权。对于不同类型的售后回购交易，企业应当区分下列两种情形分别进行会计处理：

1. 企业因存在与客户的远期安排而负有回购义务或企业享有回购权利的。

企业因存在与客户的远期安排而负有回购义务或企业享有回购权利的，尽管客户可能已经持有了该商品的实物，但是，由于企业承诺回购或者有权回购该商品，导致客户主导该商品的使用并从中获取几乎全部经济利益的能力受到限制，因此，在销售时点，客户并没有取得该商品的控制权。在这种情况下，企业应根据下列情况分别进行相应的会计处理：一是回购价格低于原售价的，应当视为租赁交易,按照《企业会计准则第 21 号——租赁》的相关规定进行会计处理。二是回购价格不低于原售价的,应当视为融资交易,在收到客户款项时确认金融负债,而不是终止确认该资产,并将该款项和回购价格的差额在回购期间内确认为利息费用等。

【例 61】 2×18 年 4 月 1 日,甲公司向乙公司销售一台设备,销售价格为 200 万元,同时双方约定两年之后,即 2×20 年 4 月 1 日,甲公司将以 120 万元的价格回购该设备。

本例中,根据合同约定,甲公司负有在两年后回购该设备的义务,因此,乙公司并未取得该设备的控制权。假定不考虑货币时间价值,该交易的实质是乙公司支付了 80 万元 (200 - 120) 的对价取得了该设备 2 年的使用权。甲公司应当将该交易作为租赁交易进行会计处理。

【例 62】 沿用【例 61】,假定甲公司将在 2×20 年 4 月 1 日不是以 120 万元,而是以 250 万元的价格回购该设备。

本例中,假定不考虑货币时间价值,该交易的实质是甲公司以该设备作为质押取得了 200 万元的借款,2 年后归还本息合计 250 万元。甲公司应当将该交易视为融资交易,不应当终止确认该设备,而应当在收到客户款项时确认金融负债,并将该款项和回购价格的差额在回购期间内确认为利息费用等。

2. 企业应客户要求回购商品的。

企业负有应客户要求回购商品义务的,应当在合同开始日评估客户是否具有行使该要求权的重大经济动因。客户具有行使该要求权的重大经济动因的,企业应当将回购价格与原售价进行比较,并按照上述第 1 种情形下的原则将该售后回购作为租赁交易或融资交易进行相应的会计处理。客户不具有行使该要求权的重大经济动因的,企业应当将该售后回购作为附有销售退回条款的销售交易进行相应的会计处理。

在判断客户是否具有行权的重大经济动因时，企业应当综合考虑各种相关因素，包括回购价格与预计回购时市场价格之间的比较以及权利的到期日等。当回购价格明显高于该资产回购时的市场价值时，通常表明客户有行权的重大经济动因。

【例63】甲公司向乙公司销售其生产的一台设备，销售价格为2 000万元，双方约定，乙公司在5年后有权要求甲公司以1 500万元的价格回购该设备。甲公司预计该设备在回购时的市场价值将远低于1 500万元。

本例中，假定不考虑时间价值的影响，甲公司的回购价格1 500万元低于原售价2 000万元，但远高于该设备在回购时的市场价值，甲公司判断乙公司有重大的经济动因行使其权利要求甲公司回购该设备。因此，甲公司应当将该交易作为租赁交易进行会计处理。

对于上述两种情形，企业在比较回购价格和原销售价格时，应当考虑货币的时间价值。在企业有权要求回购或者客户有权要求企业回购的情况下，企业或者客户到期未行使权利的，应在该权利到期时终止确认相关负债，同时确认收入。

（七）客户未行使的权利

企业因销售商品向客户收取的预收款，赋予了客户一项在未来从企业取得该商品的权利，并使企业承担了向客户转让该商品的义务，因此，企业应当将预收的款项确认为合同负债，待未来履行了相关履约义务，即向客户转让相关商品时，再将该负债转为收入。

某些情况下，企业收取的预收款无需退回，但是客户可能会放弃其全部或部分合同权利，例如，放弃储值卡的使用等。企业预期将有权获得与客户所放弃的合同权利相关的金额的，应当按照客户行使合同权利的模式按比例将上述金额确认为收入；否则，企业只有在客户要求其履行剩余履约义务的可能性极低时，才能将相关负债余额转为收入。企业在确定其是否预期将有权获得与客户所放弃的合同权利相关的金额时,应当考虑将估计的可变对价计入交易价格的限制要求。

如果有相关法律规定,企业所收取的、与客户未行使权利相关的款项须转交给其他方的(例如,法律规定无人认领的财产需上交政府),企业不应将其确认为收入。

【例64】甲公司经营连锁面包店。2×18年,甲公司向客户销售了5 000张储值卡,每张卡的面值为200元,总额为1 000 000元。客户可在甲公司经营的任何一家门店使用该储值卡进行消费。根据历史经验,甲公司预期客户购买的储值卡中将有大约相当于储值卡面值金额5%(即50 000元)的部分不会被消费。截至2×18年12月31日,客户使用该储值卡消费的金额为400 000元。甲公司为增值税一般纳税人,在客户使用该储值卡消费时发生增值税纳税义务。

本例中,甲公司预期将有权获得与客户未行使的合同权利相关的金额为50 000元,该金额应当按照客户行使合同权利的模式按比例确认为收入。

因此,甲公司在2×18年销售的储值卡应当确认的收入金额为362 976元〔(400 000+50 000×400 000÷950 000)÷(1+16%)〕。甲公司的账务处理为:

(1)销售储值卡:

借:库存现金　　　　　　　　　　　　　1 000 000
　　贷:合同负债　　　　　　　　　　　　　862 069
　　　　应交税费——待转销项税额　　　　137 931

(2)根据储值卡的消费金额确认收入,同时将对应的待转销项税额确认为销项税额:

借:合同负债　　　　　　　　　　　　　362 976
　　应交税费——待转销项税额　　　　　　55 172

  贷：主营业务收入   362 976
    应交税费——应交增值税（销项税额） 55 172

（八）无需退回的初始费

  企业在合同开始日（或邻近合同开始日）向客户收取的无需退回的初始费通常包括入会费、接驳费、初装费等。企业收取该初始费时，应当评估该初始费是否与向客户转让已承诺的商品相关。该初始费与向客户转让已承诺的商品相关，且该商品构成单项履约义务的，企业应当在转让该商品时，按照分摊至该商品的交易价格确认收入；该初始费与向客户转让已承诺的商品相关，但该商品不构成单项履约义务的，企业应当在包含该商品的单项履约义务履行时，按照分摊至该单项履约义务的交易价格确认收入；该初始费与向客户转让已承诺的商品不相关的，该初始费应当作为未来将转让商品的预收款，在未来转让该商品时确认为收入。当企业向客户授予了续约选择权，且该选择权向客户提供了重大权利时，这部分收入确认的期间将可能长于初始合同期限。

  在合同开始日（或邻近合同开始日），企业通常必须开展一些初始活动，为履行合同进行准备，如一些行政管理性质的准备工作，这些活动虽然与履行合同有关，但并没有向客户转让已承诺的商品，因此，不构成单项履约义务。在这种情况下，即使企业向客户收取的无需退还的初始费与这些初始活动有关（例如，企业为了补偿开展这些活动所发生的成本而向客户收取初始费），也不应在这些活动完成时将该初始费确认为收入，而应当将该初始费作为未来将转让商品的预收款，在未来转让该商品时确认为收入。

  企业为履行合同开展初始活动，但这些活动本身并没有向客户转让已承诺的商品的，企业为开展这些活动所发生的支出，应当按照本准则的有关合同履约成本的相关规定确认为一项资产或计入当期损益,并且企业在确定履约进度时,也不应当考虑这些成本,因为这些成本并不反映企业向客户转让商品的进度。

【例65】甲公司经营一家会员制健身俱乐部。甲公司与客户签订了为期2年的合同,客户入会之后可以随时在该俱乐部健身。除俱乐部的年费2 000元之外,甲公司还向客户收取了50元的入会费,用于补偿俱乐部为客户进行注册登记、准备会籍资料以及制作会员卡等初始活动所花费的成本。甲公司收取的入会费和年费均无需返还。

本例中,甲公司承诺的服务是向客户提供健身服务(即可随时使用的健身场地),而甲公司为会员入会所进行的初始活动并未向客户提供其所承诺的服务,而只是一些内部行政管理性质的工作。因此,甲公司虽然为补偿这些初始活动向客户收取了入会费,但是该入会费实质上是客户为健身服务所支付的对价的一部分,故应当作为健身服务的预收款,与收取的年费一起在2年内分摊确认为收入。

八、关于列报和披露

（一）列报

1. 合同资产和合同负债。

合同一方已经履约的，即企业依据合同履行履约义务或客户依据合同支付合同对价，企业应当根据其履行履约义务与客户付款之间的关系，在资产负债表中列示合同资产或合同负债。企业拥有的、无条件（即仅取决于时间流逝）向客户收取对价的权利应当作为应收款项单独列示。

企业在向客户转让商品之前，如果客户已经支付了合同对价或企业已经取得了无条件收取合同对价的权利，则企业应当在客户实际支付款项与到期应支付款项孰早时点，将该已收或应收的款项列示为合同负债。合同负债，是指企业已收或应收客户对价而应向客户转让商品的义务。例如，企业与客户签订不可撤销的合同，向客户销售其生产的产品，合同开始日，企业收到客户支付的合同价款1 000元，相关产品将在2个月之后交付给客户，这种情况下，企业应当将该1 000元作为合同负债进行处理。

相反，在客户实际支付合同对价或在该对价到期应付之前，企业如果已经向客户转让了商品，则应当将因已转让商品而有权收取对价的权利列示为合同资产，但不包括应收款项。合同资产，是指企业已向客户转让商品而有权收取对价的权利，且该权利取决于时间流逝之外的其他因素。企业应当按照《企业会计准则第22号——金融工具确认和计量》评估合同资产的减值，该减值的计量、列报和披露应当按照《企业会计准则第22号——金融工具确认和计量》和《企业会计准则第37号——金融工具列报》的规定进行会计处理。

应收款项是企业无条件收取合同对价的权利。只有在合同对价到期支付之前仅仅随着时间的流逝即可收款的权利，才是无条件的收款权。有时，企业有可能需要在未来返还全部或部分的合同对价（例如，企业在附有销售退回条款的合同下收取的合同对价），但是，企业仍然拥有无条件收取合同对价的权利，未来返还合同对价的潜在义务并不会影响企业收取对价总额的现时权利，因此，企业仍应当确认一项应收款项，同时将预计未来需要返还的部分确认为一项负债。需要说明的是，合同资产和应收款项都是企业拥有的有权收取对价的合同权利，二者的区别在于，应收款项代表的是无条件收取合同对价的权利，即企业仅仅随着时间的流逝即可收款，而合同资产并不是一项无条件收款权，该权利除了时间流逝之外，还取决于其他条件（例如，履行合同中的其他履约义务）才能收取相应的合同对价。因此，与合同资产和应收款项相关的风险是不同的，应收款项仅承担信用风险，而合同资产除信用风险之外，还可能承担其他风险，如履约风险等。

【例66】2×18年3月1日，甲公司与客户签订合同，向其销售A、B两项商品，合同价款为2 000元。合同约定，A商品于合同开始日交付，B商品在一个月之后交付，只有当A、B两项商品全部交付之后，甲公司才有权收取2 000元的合同对价。假定A商品和B商品构成两项履约义务，其控制权在交付时转移给客户，分摊至A商品和B商品的交易价格分别为400元和1 600元。上述价格均不包含增值税，且假定不考虑相关税费影响。

本例中，甲公司将A商品交付给客户之后，与该商品相关的履约义务已经履行，但是需要等到后续交付B商品时，企业才具有无条件收取合同对价的权利，因此，甲公司应当将因交付A商品而有权收取的对价400元确认为合同资产，而不是应收账款，相应的账务处理如下：

(1) 交付 A 商品时：

借：合同资产　　　　　　　　　　　　　400

　　贷：主营业务收入　　　　　　　　　　　　　400

(2) 交付 B 商品时：

借：应收账款　　　　　　　　　　　　2 000

　　贷：合同资产　　　　　　　　　　　　　　　400

　　　　主营业务收入　　　　　　　　　　　　1 600

【例67】2×18年1月1日，乙公司与客户签订合同，以每件产品150元的价格向其销售产品；如果客户在2×18年全年的采购量超过100万件，该产品的销售价格将追溯下调至每件125元。该产品的控制权在交付时转移给客户。在合同开始日，乙公司估计该客户全年的采购量能够超过100万件。2×18年1月31日，乙公司交付了第一批产品共10万件。上述价格均不包含增值税，且假定不考虑相关税费影响。

本例中，乙公司将产品交付给客户时取得了无条件的收款权，即乙公司有权按照每件产品150元的价格向客户收取款项，直到客户的采购量达到100万件为止。由于乙公司估计客户的采购量能够达到100万件，因此，根据将可变对价计入交易价格的限制要求，乙公司确定每件产品的交易价格为125元。2×18年1月31日，乙公司交付产品时的账务处理为：

借：应收账款　　　　　　　　　　　15 000 000

　　贷：主营业务收入　　　　　　　　　　　12 500 000

　　　　预计负债——应付退货款　　　　　　　2 500 000

合同资产和合同负债应当在资产负债表中单独列示。同一合同下的合同资产和合同负债应当以净额列示，不同合同下的合同资产和合同负债不能互相抵销。

通常情况下，企业对其已向客户转让商品而有权收取的对价金额应当确认为合同资产或应收账款；对于其已收或应收客户对价而应向客户转让商品的义务，应当按照已收或应收的金额确认合同负债。由于同一合同下的合同资产和合同负债应当以净额列示，企业也可以设置"合同结算"科目（或其他类似科目），以核算同一合同下属于在某一时段内履行履约义务涉及与客户结算对价的合同资产或合同负债，并在此科目下设置"合同结算——价款结算"科目反映定期与客户进行结算的金额，设置"合同结算——收入结转"科目反映按履约进度结转的收入金额。资产负债表日，"合同结算"科目的期末余额在借方的，根据其流动性，在资产负债表中分别列示为"合同资产"或"其他非流动资产"项目；期末余额在贷方的，根据其流动性，在资产负债表中分别列示为"合同负债"或"其他非流动负债"项目。

【例68】2×18年1月1日，甲建筑公司与乙公司签订一项大型设备建造工程合同，根据双方合同，该工程的造价为6 300万元，工程期限为1年半，甲公司负责工程的施工及全面管理，乙公司按照第三方工程监理公司确认的工程完工量，每半年与甲公司结算一次；预计2×19年6月30日竣工；预计可能发生的总成本为4 000万元。假定该建造工程整体构成单项履约义务，并属于在某一时段履行的履约义务，甲公司采用成本法确定履约进度，增值税税率为10%，不考虑其他相关因素。

2×18年6月30日，工程累计实际发生成本1 500万元，甲公司与乙公司结算合同价款2 500万元，甲公司实际收到价款2 000万元；2×18年12月31日，工程累计实际发生成本3 000万元，甲公司与乙公司结算合同价款1 100万元，甲公司实际收到价款1 000万元；2×19年6月30日，工程累计实际发生成本4 100万元，乙公司与甲公司结算了合同竣工价款2 700万元，并支付剩余工程款3 300万元。上述价款均不含增值税额。假定甲公司与乙公司结算时

即发生增值税纳税义务,乙公司在实际支付工程价款的同时支付其对应的增值税款。甲公司的账务处理为:

(1) 2×18年1月1日至6月30日实际发生工程成本时。

借:合同履约成本　　　　　　　　　　15 000 000
　　贷:原材料、应付职工薪酬等　　　　15 000 000

(2) 2×18年6月30日。

履约进度 = 15 000 000 ÷ 40 000 000 = 37.5%

合同收入 = 63 000 000 × 37.5% = 23 625 000(元)

借:合同结算——收入结转　　　　　　23 625 000
　　贷:主营业务收入　　　　　　　　　23 625 000

借:主营业务成本　　　　　　　　　　15 000 000
　　贷:合同履约成本　　　　　　　　　15 000 000

借:应收账款　　　　　　　　　　　　27 500 000
　　贷:合同结算——价款结算　　　　　25 000 000
　　　　应交税费——应交增值税(销项税额)　2 500 000

借:银行存款　　　　　　　　　　　　22 000 000
　　贷:应收账款　　　　　　　　　　　22 000 000

当日,"合同结算"科目的余额为贷方137.5万元(2 500 – 2 362.5),表明甲公司已经与客户结算但尚未履行履约义务的金额为137.5万元,由于甲公司预计该部分履约义务将在2×18年内完成,因此,应在资产负债表中作为合同负债列示。

(3) 2×18年7月1日至12月31日实际发生工程成本时。

借:合同履约成本　　　　　　　　　　15 000 000
　　贷:原材料、应付职工薪酬等　　　　15 000 000

(4) 2×18年12月31日。

履约进度 = 30 000 000 ÷ 40 000 000 = 75%

合同收入 = 63 000 000 × 75% – 23 625 000 = 23 625 000(元)

借：合同结算——收入结转　　　　　　　　　　23 625 000
　　贷：主营业务收入　　　　　　　　　　　　　　23 625 000
借：主营业务成本　　　　　　　　　　　　　　15 000 000
　　贷：合同履约成本　　　　　　　　　　　　　　15 000 000
借：应收账款　　　　　　　　　　　　　　　　12 100 000
　　贷：合同结算——价款结算　　　　　　　　　　11 000 000
　　　　应交税费——应交增值税（销项税额）　　 1 100 000
借：银行存款　　　　　　　　　　　　　　　　11 000 000
　　贷：应收账款　　　　　　　　　　　　　　　　11 000 000

当日，"合同结算"科目的余额为借方1 125（2 362.5 -1 100 - 137.5）万元，表明甲公司已经履行履约义务但尚未与客户结算的金额为1 125万元，由于该部分金额将在2×19年内结算，因此，应在资产负债表中作为合同资产列示。

（5）2×19年1月1日至6月30日实际发生工程成本时。

借：合同履约成本　　　　　　　　　　　　　　11 000 000
　　贷：原材料、应付职工薪酬等　　　　　　　　　11 000 000

（6）2×19年6月30日。

由于当日该工程已竣工决算，其履约进度为100%。

合同收入 = 63 000 000 - 23 625 000 - 23 625 000
　　　　 = 15 750 000（元）

借：合同结算——收入结转　　　　　　　　　　15 750 000
　　贷：主营业务收入　　　　　　　　　　　　　　15 750 000
借：主营业务成本　　　　　　　　　　　　　　11 000 000
　　贷：合同履约成本　　　　　　　　　　　　　　11 000 000
借：应收账款　　　　　　　　　　　　　　　　29 700 000
　　贷：合同结算——价款结算　　　　　　　　　　27 000 000
　　　　应交税费——应交增值税（销项税额）　　 2 700 000

借：银行存款　　　　　　　　　　　36 300 000
　　贷：应收账款　　　　　　　　　　　36 300 000

当日，"合同结算"科目的余额为零（1 125 + 1 575 – 2 700）。

2. 合同履约成本和合同取得成本。

根据本准则规定确认为资产的合同履约成本，初始确认时摊销期限不超过一年或一个正常营业周期的，在资产负债表中计入"存货"项目；初始确认时摊销期限在一年或一个正常营业周期以上的，在资产负债表中计入"其他非流动资产"项目。

根据本准则规定确认为资产的合同取得成本，初始确认时摊销期限不超过一年或一个正常营业周期的，在资产负债表中计入"其他流动资产"项目；初始确认时摊销期限在一年或一个正常营业周期以上的，在资产负债表中计入"其他非流动资产"项目。

（二）披露

企业应当在财务报表附注中充分披露与收入有关的下列定性和定量信息，以使财务报表使用者能够了解与客户之间的合同产生的收入及现金流量的性质、金额、时间分布和不确定性等相关信息。

1. 收入确认和计量所采用的会计政策，对于确定收入确认的时点和金额具有重大影响的判断以及这些判断的变更。在披露这些判断及其变更时，企业应当披露下列信息：

（1）履约义务履行的时点。对于在某一时段内履行的履约义务，企业应当披露确认收入所采用的方法（例如，企业是按照产出法还是投入法确认收入，企业如何运用该方法确认收入等），以及该方法为何能够如实地反映商品的转让的说明性信息。对于在某一时点履行的履约义务，企业应当披露在评估客户取得所承诺商品控制权时点时所作出的重大判断。

（2）交易价格以及分摊至各单项履约义务的金额。企业应当披露在确定交易价格（包括但不限于估计可变对价、调整货币时间价值的影响以及计量非现金对价等）、估计计入交易价格的可变对价、分摊交易价格（包括估计所承诺商品的单独售价、将合同折扣以及可变对价分摊至合同中的某一特定部分等）以及计量预期将退还给客户的款项等类似义务时所采用的方法、输入值以及各项假设等信息。

2. 与合同相关的信息。

企业应当单独披露与客户的合同相关的下列信息，除非这些信息已经在利润表中单独列报：一是按照本准则确认的收入，且该收入应当区别于企业其他的收入来源而单独披露。二是企业已经就与客户之间的合同相关的任何应收款项或合同资产确认的减值损失，且该减值损失也应当区别于针对其他合同确认的减值损失而单独披露。

（1）本期确认的收入。企业应当将本期确认的收入按照不同的类别进行分解，这些类别应当反映经济因素如何影响收入及现金流量的性质、金额、时间分布和不确定性。此外，企业应当充分披露上述信息，以便财务报表使用者能够理解上述将收入按不同类别进行分解的信息与企业在分部信息中披露的每一报告分部的收入之间的关系。

在确定对收入进行分解的类别时，企业应当考虑其在下列情况下是如何列报和披露与收入有关的信息：①在财务报表之外披露的信息，例如，在企业的业绩公告、年报或向投资者报送的相关资料中披露的收入信息；②管理层为评价经营分部的财务业绩所定期复核的信息；以及③企业或企业的财务报表使用者在评价企业的财务业绩或作出资源分配决策时，所使用的类似于上述①和②的信息类型的其他信息。

企业在对收入信息进行分解时，可以采用的类别包括但不限于：商品类型、经营地区、市场或客户类型、合同类型（例如，固定造价合同、成本加成合同等）、商品转让的时间（例如，在某一时点转让或在某一时段内转让）、合同期限（例如，长期合同、短期合同等)、销售渠道(例如,直接销售或通过经销商销售等)等。

【例69】甲公司有三个报告分部,分别为消费品、汽车和能源。甲公司在其年报中将收入按照主要经营地区、主要产品类型以及收入确认时间进行分类并披露相关信息。甲公司认为该分类能够反映相关经济因素对于企业的收入和现金流量的性质、金额、时间分布以及不确定性的影响。因此,甲公司在其财务报表附注中对于收入按照同样的分类方法进行披露(见表4)。

表4   金额单位:万元

报告分部	消费品	汽车	能源	合计
主要经营地区				
东北	990	2 250	5 250	8 490
华北	300	750	1 000	2 050
西北	700	260	—	960
合计	1 990	3 260	6 250	11 500
主要产品类型				
办公用品	600	—	—	600
家用电器	900	—	—	900
服装	400	—	—	400
汽车	—	3 260	—	3 260
太阳能电池板			1 000	1 000
发电	—	—	5 250	6 250
合计	1 990	3 260	6 250	11 500
收入确认时间				
商品(在某一时点转让)	1 990	3 260	1 000	5 250
服务(在某一时段内提供)	—	—	5 250	6 250
合计	1 990	3 260	6 250	11 500

(2)应收款项、合同资产和合同负债的账面价值。

企业应当披露与应收款项、合同资产和合同负债的账面价值有关的下列信息:①应收款项、合同资产和合同负债的期初和期末账面价值;②对上述应收款项和合同资产确认的减值损失;③在本期确认的包括在合同负债期初账面价值中的收入;以及④前期已经履行(或部分履行)的履约义务在本期确认的收入(例如,交易价格的变动)。

企业应当说明其履行履约义务的时间与通常的付款时间之间的关系,以及此类因素对合同资产和合同负债账面价值的影响的定量或定性信息。企业还应当以定性和定量信息的形式说明合同资产和合同负债的账面价值在本期内发生的重大变动。合同资产和合同负债的账面价值发生变动的情形包括:①企业合并导致的变动;②对收入进行累积追加调整导致的相关合同资产和合同负债的变动,此类调整可能源于估计履约进度的变化、估计交易价格的变化(包括对于可变对价是否受到限制的评估发生变化)或者合同变更;③合同资产发生减值;④对合同对价的权利成为无条件权利(即,合同资产重分类为应收款项)的时间安排发生变化;以及⑤履行履约义务(即从合同负债转为收入)的时间安排发生变化。

(3)履约义务。企业应当披露与履约义务相关的信息包括:①企业通常在何时履行履约义务,包括在售后代管商品的安排中履行履约义务的时间,例如,发货时、交付时、服务提供时或服务完成时等;②重要的支付条款,例如,合同价款通常何时到期、合同是否存在重大融资成分、合同对价是否为可变金额以及对可变对价的估计是否通常受到限制等;③企业承诺转让的商品的性质,如有企业为代理人的情形,需要着重说明;④企业承担的预期将退还给客户的款项等类似义务;以及⑤质量保证的类型及相关义务。

(4)分摊至剩余履约义务的交易价格。企业应当披露与剩余履约义务有关的下列信息:①分摊至本期末尚未履行(或部分未履行)履约义务的交易价格总额;②上述金额确认为收入的预计时间,企业可以按照对于剩余履约义务的期间而言最恰当的时间段为基础提供有关预计时间的定量信息,或者使用定性信息进行说明。

【例70】2×18年7月1日,甲公司与客户签订不可撤销的合同,为其提供草坪修剪服务,合同期限为2年。根据合同约定,在合同期限内,甲公司在客户需要时为其提供服务,但是每月提供服务的次数最多不超过4次,客户每月向甲公司支付4 000元。甲公司按照时间进度确定其履约进度。上述金额不含增值税额。

本例中,截至2×18年年末,该合同下分摊至尚未履行的履约义务的交易价格为72 000元,甲公司在编制其2×18年财务报表时,对于上述金额确认为收入的预计时间披露如表5所示。

表5

金额单位:元

年度	2×19年	2×20年	合计
该合同预计将确认的收入	48 000	24 000	72 000

为简化实务操作,当满足下列条件之一时,企业无需针对某项履约义务披露上述信息:一是该项履约义务是原预计合同期限不超过一年的合同中的一部分。二是企业有权对该履约义务下已转让的商品向客户发出账单,且账单金额能够代表企业累计至今已履约部分转移给客户的价值。

【例71】2×18年7月1日,乙公司与客户签订不可撤销的合同,为其提供保洁服务,合同期限为2年。根据合同约定,乙公司每月至少为客户提供一次服务,收费标准为每小时25元,客户按照乙公司的实际工作时间向其支付服务费。

本例中,乙公司按照固定的费率以及实际发生的工时向客户收费,乙公司有权对已提供的服务向客户发出账单,且账单金额能够代表乙公司累计至今已履约部分转移给客户的价值。因此,乙公司可以采用上述简化处理方法。

企业应当提供定性信息以说明其是否采用了上述简化操作方法,

以及是否存在任何对价金额未纳入交易价格，从而未纳入对于分摊至剩余履约义务的交易价格所需披露的信息之中，例如，由于将可变对价计入交易价格的限制要求而未计入交易价格的可变对价。

【例72】2×18年7月1日，丙公司与客户签订不可撤销的合同，两年内在客户需要时为其提供保洁服务。合同价款包括两部分：一是每月10 000元的固定对价；二是最高金额为100 000元的奖金。丙公司预计可以计入交易价格的可变对价金额为75 000元。丙公司按照时间进度确定履约进度。上述金额均不包含增值税。

本例中，丙公司认为该合同下为客户提供两年的保洁服务构成单项履约义务，估计的交易价格为315 000元（10 000×24+75 000），丙公司将该金额按照合同期24个月平均确认为收入，即每月确认的收入为13 125元，2×18年确认的收入金额为78 750元（13 125×6），尚未确认的收入为236 250元，其中2×19年将确认的收入金额为157 500元（13 125×12），其余的78 750元将于2×20年确认。

该合同的下列信息将会包含在2×18年财务报表附注的相关披露之中：

（1）定量披露（见表6）。

表6　　　　　　　　　　　　　　　　　　　　　　　　　　　　　金额单位：元

年度	2×19年	2×20年	合计
该合同预计将确认的收入	157 500	78 750	236 250

（2）定性披露。

奖金25 000元因对可变对价有关的限制要求而未被计入交易价格，因此没有包括在上述披露之中。

【例73】2×18年2月1日，丁公司与客户签订合同，为客户建造一栋办公楼，合同对价为500万元。丁公司在该合同下为客户提供的建造服务构成单项履约义务,且该履约义务在某一时段内履行。丁公司在2×18年对该合同确认的收入金额为240万元。丁公司估计该项工程将于2×19年年底完工,但是也很可能会延期至2×20年3月完工。

本例中,丁公司应当在2×18年的财务报表中披露尚未确认为收入的金额以及预计将该金额确认为收入的时间。由于未来确认收入的时间存在不确定性,丁公司对该信息进行定性披露,例如,"2×18年12月31日,分摊至剩余履约义务的交易价格为260万元,本公司预计该金额将随着工程的完工进度,在未来12~15个月内确认为收入"。

3. 与合同成本有关的资产相关的信息。

企业应当披露与合同成本有关的资产相关的下列信息:(1)在确定该资产的金额时所运用的判断;(2)该资产的摊销方法;(3)按该资产的主要类别(如为取得合同发生的成本、为履行合同开展的初始活动发生的成本等)披露合同取得成本或合同履约成本的期末账面价值以及(4)本期确认的摊销以及减值损失的金额等。

4. 有关简化处理方法的披露。

如果企业选择对于合同中存在的重大融资成分或为取得合同发生的增量成本采取简化的处理方法,即企业根据本准则第十七条规定因预计客户取得商品控制权与客户支付价款间隔未超过一年而未考虑合同中存在的重大融资成分,或者根据本准则第二十八条规定因与合同取得成本有关的资产的摊销期限未超过一年而将其在发生时计入当期损益的,企业应当对这一事实进行披露。

附录一

企业会计准则第 14 号
——收入[*]

(2017 年 7 月 5 日　财会〔2017〕22 号)

第一章　总　　则

第一条　为了规范收入的确认、计量和相关信息的披露,根据《企业会计准则——基本准则》,制定本准则。

---

*　①在境内外同时上市的企业以及在境外上市并采用国际财务报告准则或企业会计准则编制财务报表的企业,自 2018 年 1 月 1 日起施行;其他境内上市企业,自 2020 年 1 月 1 日起施行;执行企业会计准则的非上市企业,自 2021 年 1 月 1 日起施行。同时,允许企业提前执行。执行本准则的企业,不再执行财政部于 2006 年 2 月 15 日印发的《财政部关于印发〈企业会计准则第 1 号——存货〉等 38 项具体准则的通知》(财会〔2006〕3 号)中的《企业会计准则第 14 号——收入》和《企业会计准则第 15 号——建造合同》,以及财政部于 2006 年 10 月 30 日印发的《财政部关于印发〈企业会计准则——应用指南〉的通知》(财会〔2006〕18 号)中的《〈企业会计准则第 14 号——收入〉应用指南》。

②母公司执行本准则、但子公司尚未执行本准则的,母公司在编制合并财务报表时,应当按照本准则规定调整子公司的财务报表。母公司尚未执行本准则、而子公司已执行本准则的,母公司在编制合并财务报表时,可以将子公司的财务报表按照母公司的会计政策进行调整后合并,也可以将子公司按照本准则编制的财务报表直接合并,母公司将子公司按照本准则编制的财务报表直接合并的,应当在合并财务报表中披露该事实,并且对母公司和子公司的会计政策及其他相关信息分别进行披露。

企业对合营企业和联营企业的长期股权投资采用权益法核算的,比照上述原则进行处理,但不切实可行的除外。

③企业以存货换取客户的固定资产、无形资产等的,按照本准则的规定进行会计处理;其他非货币性资产交换,按照《企业会计准则第 7 号——非货币性资产交换》的规定进行会计处理。

第二条 收入，是指企业在日常活动中形成的、会导致所有者权益增加的、与所有者投入资本无关的经济利益的总流入。

第三条 本准则适用于所有与客户之间的合同，但下列各项除外：

（一）由《企业会计准则第 2 号——长期股权投资》《企业会计准则第 22 号——金融工具确认和计量》《企业会计准则第 23 号——金融资产转移》《企业会计准则第 24 号——套期会计》《企业会计准则第 33 号——合并财务报表》以及《企业会计准则第 40 号——合营安排》规范的金融工具及其他合同权利和义务，分别适用《企业会计准则第 2 号——长期股权投资》《企业会计准则第 22 号——金融工具确认和计量》《企业会计准则第 23 号——金融资产转移》《企业会计准则第 24 号——套期会计》《企业会计准则第 33 号——合并财务报表》以及《企业会计准则第 40 号——合营安排》。

（二）由《企业会计准则第 21 号——租赁》规范的租赁合同，适用《企业会计准则第 21 号——租赁》。

（三）由保险合同相关会计准则规范的保险合同，适用保险合同相关会计准则。

本准则所称客户，是指与企业订立合同以向该企业购买其日常活动产出的商品或服务（以下简称"商品"）并支付对价的一方。本准则所称合同，是指双方或多方之间订立有法律约束力的权利义务的协议。合同有书面形式、口头形式以及其他形式。

第二章 确　　认

第四条 企业应当在履行了合同中的履约义务，即在客户取得相关商品控制权时确认收入。

取得相关商品控制权，是指能够主导该商品的使用并从中获得几乎全部的经济利益。

第五条 当企业与客户之间的合同同时满足下列条件时，企业应当在客户取得相关商品控制权时确认收入：

（一）合同各方已批准该合同并承诺将履行各自义务；

（二）该合同明确了合同各方与所转让商品或提供劳务（以下简称"转让商品"）相关的权利和义务；

（三）该合同有明确的与所转让商品相关的支付条款；

（四）该合同具有商业实质，即履行该合同将改变企业未来现金流量的风险、时间分布或金额；

（五）企业因向客户转让商品而有权取得的对价很可能收回。

在合同开始日即满足前款条件的合同，企业在后续期间无须对其进行重新评估，除非有迹象表明相关事实和情况发生重大变化。合同开始日通常是指合同生效日。

第六条 在合同开始日不符合本准则第五条规定的合同，企业应当对其进行持续评估，并在其满足本准则第五条规定时按照该条的规定进行会计处理。

对于不符合本准则第五条规定的合同，企业只有在不再负有向客户转让商品的剩余义务，且已向客户收取的对价无须退回时，才能将已收取的对价确认为收入；否则，应当将已收取的对价作为负债进行会计处理。没有商业实质的非货币性资产交换，不确认收入。

第七条 企业与同一客户（或该客户的关联方）同时订立或在相近时间内先后订立的两份或多份合同，在满足下列条件之一时，应当合并为一份合同进行会计处理：

（一）该两份或多份合同基于同一商业目的而订立并构成一揽子交易。

（二）该两份或多份合同中的一份合同的对价金额取决于其他合同的定价或履行情况。

（三）该两份或多份合同中所承诺的商品（或每份合同中所承诺的部分商品）构成本准则第九条规定的单项履约义务。

第八条　企业应当区分下列三种情形对合同变更分别进行会计处理：

（一）合同变更增加了可明确区分的商品及合同价款，且新增合同价款反映了新增商品单独售价的，应当将该合同变更部分作为一份单独的合同进行会计处理。

（二）合同变更不属于本条（一）规定的情形，且在合同变更日已转让的商品或已提供的服务（以下简称"已转让的商品"）与未转让的商品或未提供的服务（以下简称"未转让的商品"）之间可明确区分的，应当视为原合同终止，同时，将原合同未履约部分与合同变更部分合并为新合同进行会计处理。

（三）合同变更不属于本条（一）规定的情形，且在合同变更日已转让的商品与未转让的商品之间不可明确区分的，应当将该合同变更部分作为原合同的组成部分进行会计处理，由此产生的对已确认收入的影响，应当在合同变更日调整当期收入。

本准则所称合同变更，是指经合同各方批准对原合同范围或价格作出的变更。

第九条　合同开始日，企业应当对合同进行评估，识别该合同所包含的各单项履约义务，并确定各单项履约义务是在某一时段内履行，还是在某一时点履行，然后，在履行了各单项履约义务时分别确认收入。

履约义务，是指合同中企业向客户转让可明确区分商品的承诺。履约义务既包括合同中明确的承诺，也包括由于企业已公开宣布的政策、特定声明或以往的习惯做法等导致合同订立时客户合理预期企业将履行的承诺。企业为履行合同而应开展的初始活动，通常不构成履约义务，除非该活动向客户转让了承诺的商品。

企业向客户转让一系列实质相同且转让模式相同的、可明确区分商品的承诺，也应当作为单项履约义务。

转让模式相同，是指每一项可明确区分商品均满足本准则第十一条规定的、在某一时段内履行履约义务的条件，且采用相同方法确定其履约进度。

第十条　企业向客户承诺的商品同时满足下列条件的，应当作为可明确区分商品：

（一）客户能够从该商品本身或从该商品与其他易于获得资源一起使用中受益；

（二）企业向客户转让该商品的承诺与合同中其他承诺可单独区分。

下列情形通常表明企业向客户转让该商品的承诺与合同中其他承诺不可单独区分：

1. 企业需提供重大的服务以将该商品与合同中承诺的其他商品整合成合同约定的组合产出转让给客户。

2. 该商品将对合同中承诺的其他商品予以重大修改或定制。

3. 该商品与合同中承诺的其他商品具有高度关联性。

第十一条　满足下列条件之一的，属于在某一时段内履行履约义务；否则，属于在某一时点履行履约义务：

（一）客户在企业履约的同时即取得并消耗企业履约所带来的经济利益。

（二）客户能够控制企业履约过程中在建的商品。

（三）企业履约过程中所产出的商品具有不可替代用途，且该企业在整个合同期间内有权就累计至今已完成的履约部分收取款项。

具有不可替代用途，是指因合同限制或实际可行性限制，企业不能轻易地将商品用于其他用途。

有权就累计至今已完成的履约部分收取款项，是指在由于客户或其他方原因终止合同的情况下，企业有权就累计至今已完成的履约部分收取能够补偿其已发生成本和合理利润的款项，并且该权利具有法律约束力。

第十二条　对于在某一时段内履行的履约义务，企业应当在该段时间内按照履约进度确认收入，但是，履约进度不能合理确定的除外。企业应当考虑商品的性质，采用产出法或投入法确定恰当的履约进度。其中，产出法是根据已转移给客户的商品对于客户的价值确定履约进度；投入法是根据企业为履行履约义务的投入确定履约进度。对于类似情况下的类似履约义务，企业应当采用相同的方法确定履约进度。

当履约进度不能合理确定时，企业已经发生的成本预计能够得到补偿的，应当按照已经发生的成本金额确认收入，直到履约进度能够合理确定为止。

第十三条　对于在某一时点履行的履约义务，企业应当在客户取得相关商品控制权时点确认收入。在判断客户是否已取得商品控制权时，企业应当考虑下列迹象：

（一）企业就该商品享有现时收款权利，即客户就该商品负有现时付款义务。

（二）企业已将该商品的法定所有权转移给客户，即客户已拥有该商品的法定所有权。

（三）企业已将该商品实物转移给客户，即客户已实物占有该商品。

（四）企业已将该商品所有权上的主要风险和报酬转移给客户，即客户已取得该商品所有权上的主要风险和报酬。

（五）客户已接受该商品。

（六）其他表明客户已取得商品控制权的迹象。

第三章 计 量

第十四条 企业应当按照分摊至各单项履约义务的交易价格计量收入。

交易价格，是指企业因向客户转让商品而预期有权收取的对价金额。企业代第三方收取的款项以及企业预期将退还给客户的款项，应当作为负债进行会计处理，不计入交易价格。

第十五条 企业应当根据合同条款，并结合其以往的习惯做法确定交易价格。在确定交易价格时，企业应当考虑可变对价、合同中存在的重大融资成分、非现金对价、应付客户对价等因素的影响。

第十六条 合同中存在可变对价的，企业应当按照期望值或最可能发生金额确定可变对价的最佳估计数，但包含可变对价的交易价格，应当不超过在相关不确定性消除时累计已确认收入极可能不会发生重大转回的金额。企业在评估累计已确认收入是否极可能不会发生重大转回时，应当同时考虑收入转回的可能性及其比重。

每一资产负债表日，企业应当重新估计应计入交易价格的可变对价金额。可变对价金额发生变动的，按照本准则第二十四条和第二十五条规定进行会计处理。

第十七条 合同中存在重大融资成分的，企业应当按照假定客户在取得商品控制权时即以现金支付的应付金额确定交易价格。该交易价格与合同对价之间的差额，应当在合同期间内采用实际利率法摊销。

合同开始日，企业预计客户取得商品控制权与客户支付价款间隔不超过一年的，可以不考虑合同中存在的重大融资成分。

第十八条 客户支付非现金对价的，企业应当按照非现金对价的公允价值确定交易价格。非现金对价的公允价值不能合理估计的，企业应当参照其承诺向客户转让商品的单独售价间接确定交易价格。非现金对价的公允价值因对价形式以外的原因而发生变动的,应当作为可变对价,按照本准则第十六条规定进行会计处理。

单独售价,是指企业向客户单独销售商品的价格。

第十九条 企业应付客户（或向客户购买本企业商品的第三方,本条下同）对价的,应当将该应付对价冲减交易价格,并在确认相关收入与支付（或承诺支付）客户对价二者孰晚的时点冲减当期收入,但应付客户对价是为了向客户取得其他可明确区分商品的除外。

企业应付客户对价是为了向客户取得其他可明确区分商品的,应当采用与本企业其他采购相一致的方式确认所购买的商品。企业应付客户对价超过向客户取得可明确区分商品公允价值的,超过金额应当冲减交易价格。向客户取得的可明确区分商品公允价值不能合理估计的,企业应当将应付客户对价全额冲减交易价格。

第二十条 合同中包含两项或多项履约义务的,企业应当在合同开始日,按照各单项履约义务所承诺商品的单独售价的相对比例,将交易价格分摊至各单项履约义务。企业不得因合同开始日之后单独售价的变动而重新分摊交易价格。

第二十一条 企业在类似环境下向类似客户单独销售商品的价格,应作为确定该商品单独售价的最佳证据。单独售价无法直接观察的,企业应当综合考虑其能够合理取得的全部相关信息,采用市场调整法、成本加成法、余值法等方法合理估计单独售价。在估计单独售价时,企业应当最大限度地采用可观察的输入值,并对类似的情况采用一致的估计方法。

市场调整法,是指企业根据某商品或类似商品的市场售价考虑本企业的成本和毛利等进行适当调整后,确定其单独售价的方法。

成本加成法,是指企业根据某商品的预计成本加上其合理毛利后的价格,确定其单独售价的方法。

余值法，是指企业根据合同交易价格减去合同中其他商品可观察的单独售价后的余值，确定某商品单独售价的方法。

第二十二条 企业在商品近期售价波动幅度巨大，或者因未定价且未曾单独销售而使售价无法可靠确定时，可采用余值法估计其单独售价。

第二十三条 对于合同折扣，企业应当在各单项履约义务之间按比例分摊。

有确凿证据表明合同折扣仅与合同中一项或多项（而非全部）履约义务相关的，企业应当将该合同折扣分摊至相关一项或多项履约义务。

合同折扣仅与合同中一项或多项（而非全部）履约义务相关，且企业采用余值法估计单独售价的，应当首先按照前款规定在该一项或多项（而非全部）履约义务之间分摊合同折扣，然后采用余值法估计单独售价。

合同折扣，是指合同中各单项履约义务所承诺商品的单独售价之和高于合同交易价格的金额。

第二十四条 对于可变对价及可变对价的后续变动额，企业应当按照本准则第二十条至第二十三条规定，将其分摊至与之相关的一项或多项履约义务，或者分摊至构成单项履约义务的一系列可明确区分商品中的一项或多项商品。

对于已履行的履约义务，其分摊的可变对价后续变动额应当调整变动当期的收入。

第二十五条 合同变更之后发生可变对价后续变动的，企业应当区分下列三种情形分别进行会计处理：

（一）合同变更属于本准则第八条（一）规定情形的，企业应当判断可变对价后续变动与哪一项合同相关，并按照本准则第二十四条规定进行会计处理。

（二）合同变更属于本准则第八条（二）规定情形，且可变对价后续变动与合同变更前已承诺可变对价相关的，企业应当首先将该可变对价后续变动额以原合同开始日确定的基础进行分摊，然后再将分摊至合同变更日尚未履行履约义务的该可变对价后续变动额以新合同开始日确定的基础进行二次分摊。

（三）合同变更之后发生除本条（一）、（二）规定情形以外的可变对价后续变动的，企业应当将该可变对价后续变动额分摊至合同变更日尚未履行的履约义务。

第四章 合同成本

第二十六条　企业为履行合同发生的成本，不属于其他企业会计准则规范范围且同时满足下列条件的，应当作为合同履约成本确认为一项资产：

（一）该成本与一份当前或预期取得的合同直接相关，包括直接人工、直接材料、制造费用（或类似费用）、明确由客户承担的成本以及仅因该合同而发生的其他成本；

（二）该成本增加了企业未来用于履行履约义务的资源；

（三）该成本预期能够收回。

第二十七条　企业应当在下列支出发生时，将其计入当期损益：

（一）管理费用。

（二）非正常消耗的直接材料、直接人工和制造费用（或类似费用），这些支出为履行合同发生，但未反映在合同价格中。

（三）与履约义务中已履行部分相关的支出。

（四）无法在尚未履行的与已履行的履约义务之间区分的相关支出。

第二十八条　企业为取得合同发生的增量成本预期能够收回的，

应当作为合同取得成本确认为一项资产；但是，该资产摊销期限不超过一年的，可以在发生时计入当期损益。

增量成本，是指企业不取得合同就不会发生的成本（如销售佣金等）。

企业为取得合同发生的、除预期能够收回的增量成本之外的其他支出（如无论是否取得合同均会发生的差旅费等），应当在发生时计入当期损益，但是，明确由客户承担的除外。

第二十九条 按照本准则第二十六条和第二十八条规定确认的资产（以下简称"与合同成本有关的资产"），应当采用与该资产相关的商品收入确认相同的基础进行摊销，计入当期损益。

第三十条 与合同成本有关的资产，其账面价值高于下列两项的差额的，超出部分应当计提减值准备，并确认为资产减值损失：

（一）企业因转让与该资产相关的商品预期能够取得的剩余对价；

（二）为转让该相关商品估计将要发生的成本。

以前期间减值的因素之后发生变化，使得前款（一）减（二）的差额高于该资产账面价值的，应当转回原已计提的资产减值准备，并计入当期损益，但转回后的资产账面价值不应超过假定不计提减值准备情况下该资产在转回日的账面价值。

第三十一条 在确定与合同成本有关的资产的减值损失时，企业应当首先对按照其他相关企业会计准则确认的、与合同有关的其他资产确定减值损失；然后，按照本准则第三十条规定确定与合同成本有关的资产的减值损失。

企业按照《企业会计准则第8号——资产减值》测试相关资产组的减值情况时，应当将按照前款规定确定与合同成本有关的资产减值后的新账面价值计入相关资产组的账面价值。

第五章　特定交易的会计处理

第三十二条　对于附有销售退回条款的销售，企业应当在客户取得相关商品控制权时，按照因向客户转让商品而预期有权收取的对价金额（即，不包含预期因销售退回将退还的金额）确认收入，按照预期因销售退回将退还的金额确认负债；同时，按照预期将退回商品转让时的账面价值，扣除收回该商品预计发生的成本（包括退回商品的价值减损）后的余额，确认为一项资产，按照所转让商品转让时的账面价值，扣除上述资产成本的净额结转成本。

每一资产负债表日，企业应当重新估计未来销售退回情况，如有变化，应当作为会计估计变更进行会计处理。

第三十三条　对于附有质量保证条款的销售，企业应当评估该质量保证是否在向客户保证所销售商品符合既定标准之外提供了一项单独的服务。企业提供额外服务的，应当作为单项履约义务，按照本准则规定进行会计处理；否则，质量保证责任应当按照《企业会计准则第13号——或有事项》规定进行会计处理。在评估质量保证是否在向客户保证所销售商品符合既定标准之外提供了一项单独的服务时，企业应当考虑该质量保证是否为法定要求、质量保证期限以及企业承诺履行任务的性质等因素。客户能够选择单独购买质量保证的，该质量保证构成单项履约义务。

第三十四条　企业应当根据其在向客户转让商品前是否拥有对该商品的控制权，来判断其从事交易时的身份是主要责任人还是代理人。企业在向客户转让商品前能够控制该商品的，该企业为主要责任人，应当按照已收或应收对价总额确认收入；否则，该企业为代理人，应当按照预期有权收取的佣金或手续费的金额确认收入，该金额应当按照已收或应收对价总额扣除应支付给其他相关方的价款后的净额,或者按照既定的佣金金额或比例等确定。

企业向客户转让商品前能够控制该商品的情形包括:

(一)企业自第三方取得商品或其他资产控制权后,再转让给客户。

(二)企业能够主导第三方代表本企业向客户提供服务。

(三)企业自第三方取得商品控制权后,通过提供重大的服务将该商品与其他商品整合成某组合产出转让给客户。

在具体判断向客户转让商品前是否拥有对该商品的控制权时,企业不应仅局限于合同的法律形式,而应当综合考虑所有相关事实和情况,这些事实和情况包括:

(一)企业承担向客户转让商品的主要责任。

(二)企业在转让商品之前或之后承担了该商品的存货风险。

(三)企业有权自主决定所交易商品的价格。

(四)其他相关事实和情况。

第三十五条 对于附有客户额外购买选择权的销售,企业应当评估该选择权是否向客户提供了一项重大权利。企业提供重大权利的,应当作为单项履约义务,按照本准则第二十条至第二十四条规定将交易价格分摊至该履约义务,在客户未来行使购买选择权取得相关商品控制权时,或者该选择权失效时,确认相应的收入。客户额外购买选择权的单独售价无法直接观察的,企业应当综合考虑客户行使和不行使该选择权所能获得的折扣的差异、客户行使该选择权的可能性等全部相关信息后,予以合理估计。

客户虽然有额外购买商品选择权,但客户行使该选择权购买商品时的价格反映了这些商品单独售价的,不应被视为企业向该客户提供了一项重大权利。

第三十六条 企业向客户授予知识产权许可的,应当按照本准则第九条和第十条规定评估该知识产权许可是否构成单项履约义务,构成单项履约义务的,应当进一步确定其是在某一时段内履行还是在某一时点履行。

企业向客户授予知识产权许可,同时满足下列条件时,应当作为在某一时段内履行的履约义务确认相关收入;否则,应当作为在某一时点履行的履约义务确认相关收入:

(一)合同要求或客户能够合理预期企业将从事对该项知识产权有重大影响的活动;

(二)该活动对客户将产生有利或不利影响;

(三)该活动不会导致向客户转让某项商品。

第三十七条 企业向客户授予知识产权许可,并约定按客户实际销售或使用情况收取特许权使用费的,应当在下列两项孰晚的时点确认收入:

(一)客户后续销售或使用行为实际发生;

(二)企业履行相关履约义务。

第三十八条 对于售后回购交易,企业应当区分下列两种情形分别进行会计处理:

(一)企业因存在与客户的远期安排而负有回购义务或企业享有回购权利的,表明客户在销售时点并未取得相关商品控制权,企业应当作为租赁交易或融资交易进行相应的会计处理。其中,回购价格低于原售价的,应当视为租赁交易,按照《企业会计准则第21号——租赁》的相关规定进行会计处理;回购价格不低于原售价的,应当视为融资交易,在收到客户款项时确认金融负债,并将该款项和回购价格的差额在回购期间内确认为利息费用等。企业到期未行使回购权利的,应当在该回购权利到期时终止确认金融负债,同时确认收入。

(二)企业负有应客户要求回购商品义务的,应当在合同开始日评估客户是否具有行使该要求权的重大经济动因。客户具有行使该要求权重大经济动因的,企业应当将售后回购作为租赁交易或融资交易,按照本条(一)规定进行会计处理;否则,企业应当将其作为附有销售退回条款的销售交易,按照本准则第三十二条规定进行会计处理。

售后回购,是指企业销售商品的同时承诺或有权选择日后再将该商品(包括相同或几乎相同的商品,或以该商品作为组成部分的商品)购回的销售方式。

第三十九条 企业向客户预收销售商品款项的,应当首先将该款项确认为负债,待履行了相关履约义务时再转为收入。当企业预收款项无须退回,且客户可能会放弃其全部或部分合同权利时,企业预期将有权获得与客户所放弃的合同权利相关的金额的,应当按照客户行使合同权利的模式按比例将上述金额确认为收入;否则,企业只有在客户要求其履行剩余履约义务的可能性极低时,才能将上述负债的相关余额转为收入。

第四十条 企业在合同开始(或接近合同开始)日向客户收取的无须退回的初始费(如俱乐部的入会费等)应当计入交易价格。企业应当评估该初始费是否与向客户转让已承诺的商品相关。该初始费与向客户转让已承诺的商品相关,并且该商品构成单项履约义务的,企业应当在转让该商品时,按照分摊至该商品的交易价格确认收入;该初始费与向客户转让已承诺的商品相关,但该商品不构成单项履约义务的,企业应当在包含该商品的单项履约义务履行时,按照分摊至该单项履约义务的交易价格确认收入;该初始费与向客户转让已承诺的商品不相关的,该初始费应当作为未来将转让商品的预收款,在未来转让该商品时确认为收入。

企业收取了无须退回的初始费且为履行合同应开展初始活动,但这些活动本身并没有向客户转让已承诺的商品的,该初始费与未来将转让的已承诺商品相关,应当在未来转让该商品时确认为收入,企业在确定履约进度时不应考虑这些初始活动；企业为该初始活动发生的支出应当按照本准则第二十六条和第二十七条规定确认为一项资产或计入当期损益。

第六章 列 报

第四十一条 企业应当根据本企业履行履约义务与客户付款之间的关系在资产负债表中列示合同资产或合同负债。企业拥有的、无条件（即，仅取决于时间流逝）向客户收取对价的权利应当作为应收款项单独列示。

合同资产，是指企业已向客户转让商品而有权收取对价的权利，且该权利取决于时间流逝之外的其他因素。如企业向客户销售两项可明确区分的商品，企业因已交付其中一项商品而有权收取款项，但收取该款项还取决于企业交付另一项商品的，企业应当将该收款权利作为合同资产。

合同负债，是指企业已收或应收客户对价而应向客户转让商品的义务。如企业在转让承诺的商品之前已收取的款项。

按照本准则确认的合同资产的减值的计量和列报应当按照《企业会计准则第22号——金融工具确认和计量》和《企业会计准则第37号——金融工具列报》的规定进行会计处理。

第四十二条 企业应当在附注中披露与收入有关的下列信息：

（一）收入确认和计量所采用的会计政策、对于确定收入确认的时点和金额具有重大影响的判断以及这些判断的变更，包括确定履约进度的方法及采用该方法的原因、评估客户取得所转让商品控制权时点的相关判断，在确定交易价格、估计计入交易价格的可变对价、分摊交易价格以及计量预期将退还给客户的款项等类似义务时所采用的方法、输入值和假设等。

（二）与合同相关的下列信息：

1. 与本期确认收入相关的信息，包括与客户之间的合同产生的收入、该收入按主要类别（如商品类型、经营地区、市场或客户类型、合同类型、商品转让的时间、合同期限、销售渠道等）分解的信息以及该分解信息与每一报告分部的收入之间的关系等。

2. 与应收款项、合同资产和合同负债的账面价值相关的信息，包括与客户之间的合同产生的应收款项、合同资产和合同负债的期初和期末账面价值、对上述应收款项和合同资产确认的减值损失、在本期确认的包括在合同负债期初账面价值中的收入、前期已经履行（或部分履行）的履约义务在本期调整的收入、履行履约义务的时间与通常的付款时间之间的关系以及此类因素对合同资产和合同负债账面价值的影响的定量或定性信息、合同资产和合同负债的账面价值在本期内发生的重大变动情况等。

3. 与履约义务相关的信息，包括履约义务通常的履行时间、重要的支付条款、企业承诺转让的商品的性质（包括说明企业是否作为代理人）、企业承担的预期将退还给客户的款项等类似义务、质量保证的类型及相关义务等。

4. 与分摊至剩余履约义务的交易价格相关的信息，包括分摊至本期末尚未履行（或部分未履行）履约义务的交易价格总额、上述金额确认为收入的预计时间的定量或定性信息、未包括在交易价格的对价金额（如可变对价）等。

（三）与合同成本有关的资产相关的信息，包括确定该资产金额所做的判断、该资产的摊销方法、按该资产主要类别（如为取得合同发生的成本、为履行合同开展的初始活动发生的成本等）披露的期末账面价值以及本期确认的摊销及减值损失金额等。

（四）企业根据本准则第十七条规定因预计客户取得商品控制权与客户支付价款间隔未超过一年而未考虑合同中存在的重大融资成

分，或者根据本准则第二十八条规定因合同取得成本的摊销期限未超过一年而将其在发生时计入当期损益的，应当披露该事实。

第七章 衔接规定

第四十三条 首次执行本准则的企业，应当根据首次执行本准则的累积影响数，调整首次执行本准则当年年初留存收益及财务报表其他相关项目金额，对可比期间信息不予调整。企业可以仅对在首次执行日尚未完成的合同的累积影响数进行调整。同时，企业应当在附注中披露，与收入相关会计准则制度的原规定相比，执行本准则对当期财务报表相关项目的影响金额，如有重大影响的，还需披露其原因。

已完成的合同，是指企业按照与收入相关会计准则制度的原规定已完成合同中全部商品的转让的合同。尚未完成的合同，是指除已完成的合同之外的其他合同。

第四十四条 对于最早可比期间期初之前或首次执行本准则当年年初之前发生的合同变更，企业可予以简化处理，即无须按照本准则第八条规定进行追溯调整，而是根据合同变更的最终安排，识别已履行的和尚未履行的履约义务、确定交易价格以及在已履行的和尚未履行的履约义务之间分摊交易价格。

企业采用该简化处理方法的，应当对所有合同一致采用，并且在附注中披露该事实以及在合理范围内对采用该简化处理方法的影响所作的定性分析。

第八章 附 则

第四十五条 本准则自 2018 年 1 月 1 日起施行。

附录二

《企业会计准则第14号——收入》修订说明

一、本准则的修订背景

2006年2月,财政部发布《企业会计准则第14号——收入》和《企业会计准则第15号——建造合同》(以下分别简称"收入准则"和"建造合同准则"),对于企业的收入确认、计量和相关信息的披露进行了规范。

在现行准则下,销售商品收入、提供劳务收入和让渡资产使用权收入适用收入准则,建造合同形成的收入适用建造合同准则;销售商品收入主要以风险和报酬转移为基础确认,提供劳务收入和建造合同收入主要采用完工百分比法确认。然而,随着市场经济的日益发展、交易事项的日趋复杂,实务中收入确认和计量面临越来越多的问题。例如,如何划分收入准则和建造合同准则的边界,如何区分销售商品收入和提供劳务收入,如何判断商品所有权上的主要风险和报酬是否转移,如何区分总额确认收入还是净额确认收入,对于包含多重交易安排或可变对价的复杂合同如何进行会计处理,等等。这从客观上要求我们对现行准则中的收入确认和计量原则予以重新审视,切实解决实务问题。

此外,国际会计准则理事会于2014年5月发布了《国际财务报告准则第15号——客户合同收入》(以下简称"国际财务报告准则第15号"),自2018年1月1日起生效。该准则的核心原则是,主体确认收入的方式应当反映其向客户转让商品或服务的模式,确认金额应当反映主体因交付该商品或服务而预期有权获得的对价金额。为此,准则设定了统一的收入确认计量的五步法模型,即识别与客户订立的合同、识别合同中的单项履约义务、确定交易价格、将交易价格分摊至各单项履约义务、履行每一单项履约义务时确认收入。

因此,为切实解决现行准则实施中存在的具体问题,进一步规范我国收入确认、计量和相关信息披露,保持我国企业会计准则与国际财务报告准则的持续趋同,我们借鉴国际财务报告准则第15号,并结合我国实际情况,修订起草了《企业会计准则第14号——收入(修订)》(以下简称"新收入准则")。

二、本准则的修订过程

本准则的修订经历了前期准备、起草、公开征求意见和修改完善等阶段。

(一)前期准备阶段

一直以来,我们密切关注国际会计准则理事会相关项目的进展,并结合我国实务积极反馈意见和建议。我们成立了收入准则项目组,在国际财务报告准则第15号发布之后,对其进行了深入的学习和研究,并启动了我国新收入准则的修订项目。

(二)起草阶段

2015年初,我们草拟了新收入准则初稿,并开始分阶段、有步骤、分层次地采取多种方式征求意见:一是组织部分会计师事务所召开座谈会，听取意见和建议；二是针对可能受新收入准则影响较大的部分行业，组织部分具有行业代表性的企业召开分行业座谈会，了解实务现行做法及问题；三是在北京、上海、广东等地组织实地调研，赴企业听取现行收入准则执行中的问题及新收入准则对企业的挑战，并与国资委、证券交易所等沟通联系，多方听取意见和建议；四是邀请相关专家集中对讨论稿进行全面讨论和逐条修改。在上述工作的基础上，我们草拟完成了征求意见稿。

（三）公开征求意见阶段

2015年12月7日，我部印发了《企业会计准则第14号——收入（修订）（征求意见稿）》（以下简称"征求意见稿"），公开征求意见，同时征求战略标准委员会委员（包括国资委、审计署、国家税务总局、证监会等部门）及部内相关司局（包括税政司、经济建设司、资产管理司、金融司、监督检查局、文化司）意见。截至2016年6月30日，我们共收到反馈意见63份。总体来看，反馈意见大致分为两类：

第一类，大多数反馈意见对收入准则修订表示欢迎，认为征求意见稿有助于更好地解决与收入确认计量相关的实务问题，也切实履行了我国企业会计准则体系与国际财务报告准则持续趋同的承诺。与此同时，反馈意见也提出了一些高质量的修改意见和建议，并建议在应用指南中给出更详细的指引和示例以帮助实务理解和执行，选择试点企业进行测试等。

对于此类反馈意见，我们进行认真的分析和研究后基本予以吸收。

第二类，个别意见认为应充分考虑收入准则修订对我国实务和资本市场的影响，对受新收入准则变化影响较大的一些行业给予特定指引，并建议分阶段实施新收入准则。

对于此类反馈意见，我们与相关部门和实务界代表进行了充分沟通，并商定分阶段实施新收入准则。

（四）修改完善阶段

针对反馈意见，项目组主要开展了如下工作：

一是，认真分析吸收反馈意见。征求意见截止后，项目组对所有反馈意见进行了认真地分析和吸收，组织有关专家开展多次沟通和探讨，在此基础上对征求意见稿进行了全面系统地修改和完善，并再次征求了部分实务界和部内相关司局意见。

二是，加深对国际准则的理解。一些反馈意见涉及对国际财务报告准则第15号具体规定的不同理解，项目组就此与国际会计准则理事会相关人员和项目组进行沟通，讨论厘清国际准则相关规定的确切含义。

三是，研究新准则的影响。在征求意见稿发布之后，我们组织了部分企业开展了新收入准则的测试工作，了解新收入准则对实务的影响，并针对我国实务中常见的交易和业务类型，收集了相关案例。

四是，制定切实可行的时间表和衔接规定。收入准则的影响范围很广，收入确认模式改变后，不仅涉及企业内控管理、信息系统等的调整，还可能影响企业的经营成果和绩效考核等。我们在充分考虑了我国的市场环境和企业的实际情况，广泛听取了各方的意见，并与各主要监管部门进行沟通的基础上，采取了分步实施的策略，并且在衔接规定方面避免追溯调整对企业产生的影响。

三、本准则修订的主要内容

与现行收入准则和建造合同准则相比，在新收入准则下，不再区分销售商品、提供劳务和建造合同等具体交易形式，而是按照统

一的收入确认模型确认收入,并且对很多具体的交易和安排提供了更加明确的指引。本次修订的主要内容如下:

(一) 将现行收入和建造合同两项准则纳入统一的收入确认模型

现行收入准则和建造合同准则在某些情形下边界不够清晰,可能导致类似的交易采用不同的收入确认方法,从而对企业财务状况和经营成果产生重大影响。新收入准则要求采用统一的收入确认模型来规范所有与客户之间的合同产生的收入,并且就"在某一时段内"还是"在某一时点"确认收入提供具体指引,有助于更好地解决目前收入确认的时点问题,提高会计信息可比性。

(二) 以控制权转移替代风险报酬转移作为收入确认时点的判断标准

现行收入准则要求区分销售商品收入和提供劳务收入,并且强调在将商品所有权上的主要风险和报酬转移给购买方时确认销售商品收入,实务中有时难以判断。新收入准则打破商品和劳务的界限,要求企业在履行合同中的履约义务,即客户取得相关商品(或服务)控制权时确认收入,从而能够更加科学合理地反映企业的收入确认过程。

(三) 对于包含多重交易安排的合同的会计处理提供更明确的指引

现行收入准则对于包含多重交易安排的合同仅提供了非常有限的指引,具体体现在收入准则第十五条以及企业会计准则讲解中有关奖励积分的会计处理规定。这些规定远远不能满足当前实务需要。新收入准则对包含多重交易安排的合同的会计处理提供了更明确的指引，要求企业在合同开始日对合同进行评估，识别合同所包含的各单项履约义务，按照各单项履约义务所承诺商品（或服务）单独售价的相对比例将交易价格分摊至各单项履约义务，进而在履行各项履约义务时确认相应的收入，有助于解决此类合同的收入确认问题。

（四）对于某些特定交易（或事项）的收入确认和计量给出了明确规定

新收入准则对于现行收入准则和建造合同准则难以解决的某些特定交易（或事项）的收入确认和计量给出了明确规定。例如，如何区分总额和净额确认收入、附有质量保证条款的销售、附有客户额外购买选择权的销售、向客户授予知识产权许可、售后回购、无需退还的初始费等，这些规定将有助于更好地指导实务操作，从而提高会计信息的可比性。

四、本准则实施影响的分析

在征求意见稿发布之后，为了了解新收入准则对实务的影响，在2016年初，我们直接选择3家央企，并联合证监会选择4家上市公司，开展了新收入准则的测试工作。参与测试的企业中，1家为同时在中国香港和美国上市的上市公司，2家为同时在内地和香港上市的公司。这些公司涵盖通信、房地产、工程建造、交通运输、物流及相关服务、能源和化工、农业投入品及农产品贸易、制造业等行业。

本次测试的范围主要是新收入准则对企业2015年收入的影响。从测试结果来看，新收入准则对于各企业收入的总体影响不大，但是对企业收入结构有不同程度的影响，这种影响既包括对同一时期不同产品（或服务）收入结构的影响，也包括同一产品（或服务）在不同期间收入结构的影响。例如，据两家企业测算，新收入准则将会导致其2015年的收入分别减少0.30%和1.44%。在所有测试企业中，对企业收入总体影响最大的是按照总额或净额确认收入的问题，例如，某企业的运输业务因此减少其2015年收入总额及相关业务板块收入分别为0.05%和17.44%；另一企业的代理业务因此减少其2015年收入总额3.09%。除此之外，新收入准则对企业资产、负债和税收也可能有一定的影响。

五、本准则修订需要说明的问题

（一）总额还是净额确认收入

总额法或净额法，是指按照企业已收或应收对价总额确认收入，还是按照该金额扣除应支付给供应商的价款后的净额（或者按照既定的佣金金额或比例）确认收入。无论总额确认收入还是净额确认收入，均不影响企业的利润总额，但对企业的收入规模影响较大。

国际会计准则2009年引入总额法或净额法的判断原则，国际财务报告准则第15号继续保留这一原则。我国很多行业（如百货商场、电商平台、运输服务、网络游戏、工程建造、劳务中介等）的收入确认都涉及总额法或净额法的判断，目前实务中的做法不一，导致同类企业收入确认存在差异，一些企业的收入甚至因此而受市场质疑。

在本次修订收入准则中，我们参考国际准则的相关规定，增加了总额法或净额法的相关内容，以增强同类企业会计信息的可比性。

（二）余值法的采用

余值法是企业在估计单独售价时可以采用的方法之一。在征求意见稿中，我们借鉴了国际财务报告准则第 15 号的规定，要求只有在非常有限的情况下，才可以采用余值法估计单独售价。但是，根据有关方面的反馈意见，建议考虑结合我国市场环境和实务需要采用变通的做法，允许余值法在更大范围内采用。我们吸收了这一建议，在新收入准则中弱化了对于余值法使用要求的限制。

（三）重大融资成分的折现率

合同中存在重大融资成分的，根据国际财务报告准则 15 号的有关规定，应当将合同对价金额根据融资成分进行调整之后确定交易价格（确认收入的金额），在确定融资成分的影响时，应当使用合同双方进行单独融资交易时所应采取的利率作为折现率，该折现率应当反映接受融资方的信用特征。这就要求企业首先根据恰当的折现率确定融资成分，再将扣除融资成分后的合同对价作为交易价格确认收入。考虑到我国的市场环境和相关规定，我们建议沿用现行准则的相关规定，先以现销价格确定收入金额，再将该金额与合同对价金额的差异作为融资成分处理。

（四）与合同成本有关的资产的减值

新收入准则下，企业为取得合同和履行合同发生的成本（以下简称"与合同成本有关的资产"），不属于存货、固定资产、无形资产等其他企业会计准则规定范围、但符合资本化条件的，应当确认为一项资产。

根据我国相关的企业会计准则规定，存货和建造合同中在建资产的减值允许转回，而由《企业会计准则第 8 号——资产减值》规范的非流动资产的减值损失不允许转回,主要是为了防止企业利用该类资产的减值调节利润,该处理与国际准则允许转回的要求不一致。新收入准则下的与合同成本有关的资产,其性质更加类似于存货和建造合同中的在建资产,而非固定资产等非流动资产。因此,新收入准则允许此类资产的减值在以后期间转回。

(五)准则实施范围和时间安排

国际财务报告准则第 15 号于 2018 年 1 月 1 日开始施行,并允许主体提前采用。我们广泛听取各方意见,并与各主要监管部门进行沟通,在兼顾我国的市场环境和企业的实际情况,并与国际趋同的基础上,采取了分步实施的策略,即在境内外同时上市的企业以及在境外上市并采用国际财务报告准则或企业会计准则编制财务报表的企业(以下简称"境外上市企业")与国际同步执行,以避免出现境内外报表适用准则差异,待总结经验和评估影响(特别是会计和税法的协调方面)之后,再将实施范围逐步扩大至境内上市企业及其他非上市企业,为这些企业预留更多的准备时间,确保准则执行质量。

(六)准则实施的衔接规定

在衔接规定方面,国际财务报告准则第 15 号有两种方法供企业选择:一是允许企业采用追溯调整。二是将首次执行的累积影响仅调整首次执行本准则当年年初留存收益及财务报表其他相关项目金额,不调整可比期间信息。经征求监管部门及部分企业意见,新收入准则采用了第二种方法,以便于我国企业之间的财务报表信息可比,并避免追溯调整对企业产生的影响。